Livio Melina

Liebe auf katholisch

Ein Handbuch für heute

Livio Melina

Liebe auf katholisch

Ein Handbuch für heute

Sankt Ulrich Verlag

Originaltitel: Per una cultura della famiglia: il linguaggio dell'amore,
Marcianum Press, Venedig 2006
Übersetzt von Claudia Kock
Überarbeitet von Dr. Verena Goldt

Für meinen Vater Giovanni und meine Mutter Giovanna,
für meine Geschwister Vinicio, Licia,
Paola und Sandra und ihre Familien.
Sie haben mich die Worte der Liebe gelehrt –
und haben mir geholfen zu verstehen,
wie die Familie zum Subjekt der Kultur wird

Bibliographische Information der Deutschen Bibliothek

Die Deutsche Bibliothek verzeichnet diese Publikation in der
Deutschen Nationalbibliographie; detaillierte bibliographische Daten
sind im Internet über http://dnb.ddb.de abrufbar.

© 2009 by Sankt Ulrich Verlag GmbH, Augsburg
Alle Rechte vorbehalten
Titelbild: fotolia: Heart shaped rings © Ivan Polushkin
Umschlaggestaltung: uv media werbeagentur
Mediengruppe Sankt Ulrich Verlag, Augsburg
Druck und Bindung: CPI – Ebner & Spiegel, Ulm
Printed in Germany
ISBN 978-3-86744-103-2
www.sankt-ulrich-verlag.de

INHALT

Vorwort von Scott Hahn

Beim Durchblättern der folgenden Seiten begegnen uns nicht nur klare, gut strukturierte Begriffe. Uns zeigt sich vielmehr in einer Panoramaansicht, wie das Leben sein sollte. Ganz offensichtlich geht es in diesem Buch um die Familie. Aber genau darum schließt es alles andere mit ein.

Schon in der Einleitung spricht Professor Melina richtig von einer „Kultur der Familie". Die Familie ist stets die grundlegende Zelle der menschlichen Gesellschaft. In der Familie haben die meisten von uns die erste Lektion über das Zusammenleben mit anderen gelernt. In der Familie lernen wir das Geben und Nehmen. In der Familie lernen wir, unsere Wünsche um eines friedlichen Beieinanders willen zurückzustellen. In der Familie lernen wir zu lieben. Die Kultur erhält Leben und Identität aus der Familie. Wenn die Kultur gesund ist, kann man ihre Lebendigkeit dem gesunden Familienleben zuschreiben. Eine gesunde Kultur wird ihrerseits die Gesundheit des Familienlebens fördern. Das Gegenteil ist allerdings ebenso wahr. Wenn eine Kultur dekadent wird, individualistisch, konsumgesteuert und grausam, dann kann man sicher sein, daß sie von innen her faulig ist – von ihren Familien her.

Das bisher Gesagte ist banal. Livio Melina schaut jedoch hinter eine bloße Beschreibung des Verhältnisses zwischen Familie und Kultur. Er fragt, *warum* das so ist, und schlägt Antworten vor, die uns in das ewige Leben Gottes selbst hineinnehmen.

Die Familie kann nicht nur auf Biologie oder sozio-politische Abmachungen reduziert werden. Die Familie ist göttlich bestätigt durch einen Bundesschluß, und die Familie ist das immanente Prinzip des Bundes. „Bund" ist die Form, die Gott seinem Verhältnis mit der Menschheit gab. Wenn die biblischen Autoren Gottes Verhältnis mit seinem auserwählten Volk beschreiben, benützen sie fast immer Begriffe aus dem Familienleben: Ehemann und -frau, Eltern und Kind. Sicher ist es kein Zufall, daß der Schriftkanon mit einer Hochzeit beginnt (Adam und Eva) und mit einer anderen endet (das Hochzeitsmahl des Lammes). Die Familie dient dem göttlichen Bund als konkrete gesellschaftliche Ausformung durch die Heilsgeschichte hindurch. Aber diese geschichtlichen Formen ahmen ein ewiges Modell nach: der Dreieinige Gott ist Liebe (1 Joh 4,16), und wir, Mann und Frau, sind als sein Abbild geschaffen. Wir sind aus Liebe für die Liebe geschaffen. „Gott ist die Liebe, und wer in der Liebe bleibt, bleibt in Gott, und Gott bleibt in ihm" (ebd.). Die Dreifaltigkeit bildet die letzte Grundlage und familiäre Form für den göttlichen Bund: eine ewige Beziehung, die aus selbstüberschreitender, lebensspendender Liebe besteht. Die Dreifaltigkeit ist die vollkommene Familie.

Die Dreifaltigkeit formt Menschen nach ihrem eigenen familiären Abbild und ruft sie dann zur Bundesgemeinschaft. Der Gottesbund schafft ein großes und zahlreiches Volk mit einem starken Zusammengehörigkeitsgefühl; aber all das beginnt mit der häuslichen Liebe.

Livio Melina stellt hier eine Theologie dieser Liebe vor, von den metaphysischen Grundlagen bis hin zu den kleinen Einzelheiten des sittlichen Lebens. Er ist ein sorgsamer Hüter dessen, was er das „große Erbe Johannes Pauls II." nennt, nämlich der Theologie des Leibes. Im Gegensatz zu anderen Autoren bezeichnet er jedoch das Denken Johannes Pauls II. nicht als revolutionär, sondern als eine Weiterentwicklung und Vertiefung des kirchlichen Nachdenkens über göttliches und menschliches Leben. In den vorliegenden Seiten begegnet uns die Tradition als etwas ewig gültiges und lebendiges und nicht als ein Fossil oder ein künstliches Produkt.

Wir begegnen Gott in der Heiligen Schrift. Wir begegnen Gott in der Natur. Und niemals widerspricht sich Gott. Professor Melina will uns die tiefe Harmonie von Schöpfung und Offenbarung zeigen. Und so schreibt er von „der fortdauernden Kreisbewegung zwischen theologischem Inhalt und der ursprünglichen menschlichen Erfahrung. Die Wahrheit des göttlichen Plans bezüglich der menschlichen Liebe leuchtet genau durch diese unendliche Bewegung der gegenseitigen Erhellung".

Das ist ein altchristlicher Gedanke, und der *Katechismus der Katholischen Kirche* (Nr. 236) drückt ihn klar und präzise aus: „Die Kirchenväter unterscheiden zwischen der ‚Theologia' und der ‚Oikonomia'. Mit dem ersten Begriff bezeichnen sie das Mysterium des inneren Lebens des dreifaltigen Gottes, mit dem zweiten alle Werke, durch die dieser sich offenbart und sein Leben mitteilt. Durch die ‚Oikonomia' wird uns die ‚Theologia' enthüllt; umgekehrt aber erhellt die ‚Theologia' die ganze ‚Oikonomia'. Die Werke Gottes offenbaren uns sein inneres Wesen, und umgekehrt läßt uns das Mysterium seines inneren Wesens alle seine Werke besser verstehen. Ähnlich verhält es sich in der Beziehung zwischen menschlichen Personen: Die Person äußert sich in ihrem Tun, und je besser wir eine Person kennen, desto besser verstehen wir ihr Handeln".

Der hl. Paulus hat uns diesen Sprachgebrauch geschenkt, als er von „dem geheimnisvollen Plan, der für Jahrhunderte in Gott verborgen war, der alles geschaffen hat" (Eph 1,9) sprach. Das griechische Wort, das hier mit „Plan" übersetzt wird, ist *oikonomia*.

Die göttliche Ökonomie ist das Prinzip, das die ganze Schöpfung und die gesamte Geschichte lenkt. Wie passend, daß das griechische Wort *oikonomia* von *oikos* und *nomos* herstammt – von *Haushalt* und *Gesetz*. Die göttliche Ökonomie ist das Gesetz von Gottes kosmischem Haushalt.

Und so muß ein Buch über die Familie, wenn es wahr sein soll, ein Buch über einfach alles sein, von der Gnade bis zur Kultur, von der Heiligen Schrift bis zur Sexualität. Diese Buch ist wahr, gut, schön, umfassend und verständlich. Es ist visionär, und der Ausblick ist atemberaubend.

11

Einleitung

DIE SPRACHE DER LIEBE UND DIE KULTUR DER FAMILIE

Das vorliegende Buch will über eine Kultur der Familie nachdenken und damit auf eine dringende Einladung Papst Johannes Pauls II. antworten. Dieser hat in einer Ansprache am 31. Mai 2001 das Päpstliche Institut Johannes Paul II. für Studien über Ehe und Familie zur besonderen Förderung einer Kultur der Familie aufgefordert. Benedikt XVI. hat in seiner Ansprache vom 6. Juni 2005 diese Aufforderung wiederholt mit dem Wunsch, daß der missionarische Einsatz der Kirche sich vor allem auf die Familie konzentrieren möge.

Es gibt keine Kultur ohne Sprache, und es gibt keine Sprache ohne Wahrheit. Diese Vernetzung von Kultur, Sprache und Wahrheit ist die zentrale Einsicht des Buches. Die Kultur der Familie wird dort gefördert, wo die wahre Sprache der Liebe gelehrt wird, gemäß der ursprünglichen Wahrheit des „Anfangs", die Gott in das Herz und in den Leib von Mann und Frau eingeschrieben hat. Um das aufzuzeigen, ist das Buch in zwei Teilen angelegt.

Der erste Teil des Buches („Die Sprache der Liebe") handelt in zwei Kapiteln von der ursprünglichen Sprache der Liebe als die am besten geeignete für eine Kultur der Familie. Wie Johannes Paul II. – in den Mittwochskatechesen über die menschliche Liebe im göttlichen Heilsplan und in seinem Apostolischem Schreiben *Mulieris dignitatem* – unterstreichen wir die duale Einheit der menschlichen Existenz und wie die christliche Offenbarung die Erfahrung der Leiblichkeit in ihrer tiefsten Wahrheit erhellt. Im Lichte einer Theologie des Leibes denken wir danach über die Bedeutung des Leibes als Sakrament der Person nach, über die Bedeutung der geschlechtlichen Differenz im ursprünglichen Schöpfungsplan Gottes, über die Erlösung der menschlichen Sexualität und ihre Bedeutung für die Berufung.

Im dritten Kapitel geht es um die personale Bedeutung der menschlichen Sexualität mit der inneren Verknüpfung von Ehelichkeit und Offenheit zum Leben, wie sie als moralisches Zentralanliegen des Apostolischen Schreibens *Familiaris consortio* vertreten wird.

Darauf folgt eine Wertung der aktuellen Herausforderungen der Genderideologie, nach der die sexuelle Identität einfach Frucht einer willkürlichen Wahl ist und so die Fortpflanzung zu guter Letzt zu einem „Recht auf ein Kind" wird, das jedes Individuum besitzt. Dagegen werden wir kurz eine theologische Sichtweise des „bräutlichen Geheimnisses" entwickeln, im Sinne einer untrennbaren Einheit von geschlechtlichem Unterschied, ehelicher Liebe und der Fortpflanzung als dem Ort, an dem Person, Ehe und Familie ihr eigentliches Gesicht erhalten.

Der zweite Teil des Buches vertieft die ethischen Dimensionen des bräutlichen Geheimnisses. Im ersten Abschnitt („Die *Einheit* leben") wird zunächst die Keuschheit als Tugend der authentischen Liebe aufgezeigt, die den sexuellen Antrieb in die persönliche Hingabe integriert (Kapitel IV). Danach geht es um die Pastoral der heute weitverbreiteten irregulären Familienverhältnisse (Kapitel V). Diese Situationen sind Zeichen der Zerbrechlichkeit und Schwäche der menschlichen Freiheit, die als Folge der Sünde von sich selbst aus unfähig ist zur Liebe. Der Priester als Stellvertreter Christi, Seelenarzt und guter Hirt muß diesen Situationen mit pastoraler Aufmerksamkeit begegnen, aber mit klaren Ideen und ohne Kompromisse zu suchen. Mit Wahrheitsliebe soll er realistisch die subjektive Schuld erkennen lernen, um zu einer wirklichen Umkehr anregen zu können.

Der folgende Abschnitt „Den *Unterschied* achten" bietet moralische Kriterien zur Beurteilung der Homosexualität auf drei Ebenen: die der homosexuellen Handlungen, der homosexuellen Neigung und Lebensform sowie die der „Gay-Kultur". Um den Ausdruck „objektive Unordnung der homosexuellen Veranlagung" zu verstehen, schlagen wir als analogen hermeneutischen Schlüssel den vor, den das Tridentinische Konzil bezüglich der Begierde verwendet. Diese ist nicht Sünde in sich, aber stammt aus der Sünde und macht zu ihr geneigt. Die Behauptung der objektiven Unordnung der homosexuellen Neigung beinhaltet niemals eine Beurteilung der betroffenen Person, die mit Respekt angenommen und begleitet werden muß. Für sie ist die Wahrheit bezüglich ihrer Lebensform ein echter pastoraler Dienst, der helfen kann, in Reinheit die Berufung zur Liebe innerhalb der geschlechtlichen Differenz, nach dem Schöpfungsplan Gottes, zu leben.

Der dritte Abschnitt („Großherzig verantwortlich sein für die *Fruchtbarkeit"*) zeigt zunächst das theologische Fundament der prokreativen Verantwortung. Wir untersuchen das Objekt des ehelichen Aktes im Kontext einer Tugend der Keuschheit. Daraus folgt die ethische Argumentation für die Einheit der unitiven und prokreativen Bedeutung jedes einzelnen ehelichen Aktes. Der eheliche Akt als spezifischer Ausdruck der Annahme des anderen und der Ganzhingabe macht aus den Eheleuten Mitarbeiter und quasi Interpreten der schöpferischen Liebe Gottes. In dieser Sichtweise ist die natürliche Empfängnisregelung ein Dienst an der Würde der Person und ihrer Berufung zur Liebe. Die eheliche Keuschheit bei der periodischen Enthaltsamkeit richtet den Blick der Person auf das Wesentliche der Beziehung, damit das geschlechtliche Schweigen, auch unter manchmal schwierigen Umständen, trotzdem zu einem leiblichen Ausdruck der Selbsthingabe wird.

Das Buch schließt mit einem kurzen Nachwort, das an die improvisierte Rede Johannes Pauls II. beim ersten Weltfamilientreffen in Rom 1994 erinnert. Der Diener Gottes leitete seine Überlegungen zur Identität der Familie mit der originellen Frage an die anwesenden Familien ein: „Familie, was sagst du über dich selbst?" Im Dialog mit den Familien schlug der Papst als Antwort eine Analogie zwischen Familie und Kirche vor, anhand der Figur der Familie als einer *ecclesiola* (Hauskirche). Dies ist die Stunde der Familie, weil jede Familie Trägerin eines Lichtes ist, die den Weg der Kirche und der Welt erhellen kann. Auf diese Weise ist die Familie aufgerufen, zur Erbauerin einer neuen Kultur des Lebens und der Liebe zu werden.

Zum Schluß möchte ich Martina Coers meinen Dank aussprechen für die Bearbeitung des Textes, und ihrem Ehemann Paolo sowie dem kleinen Bernardo für ihre Geduld dabei.

Livio Melina

Rom, 1. Januar 2009

Hochfest der Gottesmutter Maria

Erster Teil

DIE SPRACHE DER LIEBE

Es gibt keine Kultur ohne Sprache, die eine Kommunikation ermöglicht, indem sie Gemeinschaftsbeziehungen zwischen den Personen herstellt. Echte Kommunikation jedoch gibt es nur im Licht der Wahrheit, die uns vorausgeht und die uns aufruft.

Die Liebe hat eine ihr eigene Sprache, die den Personen vom Schöpfer ins Herz und in den Leib eingeschrieben wurde und die der Erlöser durch den Heiligen Geist wiederhergestellt hat. Es ist die Sprache der anerkannten Unterschiedlichkeit, der Einheit zwischen den Personen, der Fruchtbarkeit in der aufrichtigen Selbsthingabe.

Die Familie ist der Ort, an dem man die ursprüngliche Sprache der Liebe zu sprechen lernt, die Sprache der communio personarum, *die zum hochzeitlichen Geheimnis gehört und die auf der Ebene der menschlichen Geschöpfe die dreifaltige Gemeinschaft Gottes widerspiegelt.*

I. Der Analphabetismus der Gefühle und die Kultur der Liebe

In der Audienz für das Institut Johannes Paul II. für Studien über Ehe und Familie am 11. Mai 2006 hat Papst Benedikt XVI. an die grundlegende Idee erinnert, die das Erbe Johannes Pauls II. ist und die diesen in seinem Leben und in seinem Hirtendienst stets begleitete: die Idee, daß man *„die Jugendlichen lieben lehren"* muß. Dieser Ausdruck scheint nur schwer verständlich. Was heißt „lieben lehren"? Ist die Liebe etwa nicht das Spontanste, das man sich vorstellen kann? Ist sie nicht etwas, das sich unserer Kontrolle vollkommen entzieht – etwas, das einfach geschieht und über das wir keine Macht haben? Was ist die Liebe, wenn es heißt, daß es notwendig ist, lieben zu lernen? Die Liebe ist keine Idee und auch kein ethischer Entschluß, so sagt Papst Benedikt XVI. in seiner ersten Enzyklika, sondern sie ist vor allem eine Erfahrung, „die Begegnung mit einem Ereignis, mit einer Person, die unserem Leben einen neuen Horizont und damit seine entscheidende Richtung gibt" *(Deus caritas est,* Nr. 1). Sie ist nicht nur ein Gebot, sondern eine Antwort auf das Geschenk der Liebe, das uns entgegengebracht wird.

Die Erfahrung der Liebe ist ein Abenteuer, ein Risiko, das man eingehen muß. Sie ist eine Dynamik, die das Leben vorantreibt – hin zu einer neuen, unbekannten Fülle. Wir sollen uns nicht nur an einem Gefühl erfreuen, das wir zufällig für jemanden empfinden, sondern wir sollen lernen zu lieben, also Subjekte zu werden, die wirklich fähig sind zu lieben. Das Abenteuer der Liebe ist kein einfaches. Die Liebe bringt uns aus dem Gleichgewicht, weil sie uns aus unserer Ichbezogenheit herausführt und uns der Realität einer anderen Person gegenüberstellt, die mit ihrer Anwesenheit in unser Leben einbricht, unvorhersehbar und unbekannt, und dennoch so faszinierend in ihrem undurchdringlichen Geheimnis. So erscheint uns die Liebe also als ein Weg, der manchmal schwierig und steil ist, der von uns verlangt, in die neue Dimension des Dialogs mit dem anderen einzutreten, um zusammen eine Lebensgemeinschaft aufzubauen.

Was wäre das Leben ohne Liebe? In seiner ersten Enzyklika *Redemptor hominis* sagte Johannes Paul II.: „Der Mensch kann nicht ohne Liebe leben. Er bleibt für sich selbst ein unbegreifliches Wesen; sein Leben ist ohne Sinn, wenn ihm nicht die Liebe geoffenbart wird, wenn er nicht der Liebe begegnet, wenn er sie nicht erfährt und sich zu eigen macht, wenn er nicht lebendigen Anteil an ihr erhält" (Nr. 10). Sein Leben ist zum Scheitern verurteilt, wenn er nicht der Liebe begegnet und nicht lernt zu lieben. Der Übergang von der Liebe zur Fähigkeit zu lieben ist schwer, denn zu lieben bedeutet sich hinzugeben, dem anderen keine Dinge, sondern sich selbst zu geben, sich dem anderen hinzugeben. Und das geschieht weder unmittelbar, noch ist es selbstverständlich. Hier klingen die großen Worte der Konzilsväter nach: „Der Mensch, der auf Erden die einzige von Gott um ihrer selbst willen gewollte Kreatur ist, kann sich selbst nur durch die aufrichtige Hingabe seiner selbst vollkommen finden" *(Gaudium et spes*, Nr. 24). Es ist das Paradoxon des Evangeliums: „Was nützt es einem Menschen, wenn er die ganze Welt gewinnt, dabei aber sich selbst verliert und Schaden nimmt? ... Wer sein Leben retten will, wird es verlieren; wer aber sein Leben um meinetwillen verliert, der wird es retten" (Lk 9,24–25).

Der Liebe begegnen und lieben lernen ist vor allem für die jungen Menschen heute besonders schwer. Neue, nie dagewesene Hindernisse stellen sich ihnen in den Weg, und diese müssen klar erkannt werden. Um lieben zu lehren oder zu lernen, muß man sich einer epochalen Herausforderung stellen und eine Kultur wieder aufbauen, ein menschliches Umfeld, das die Person formt und sich einer Gegenkultur widersetzt, die verhindert zu lieben. Meine Überlegungen bestehen aus zwei Schritten: In einem ersten möchte ich die Gegenkultur genauer beleuchten, die

die Liebe unmöglich macht. In einem zweiten Schritt werde ich versuchen, die Wege abzustecken, die zum Wiederaufbau einer Kultur der Liebe führen, die nicht nur für jede einzelne Person, sondern auch für die Gesellschaft als Ganze so entscheidend ist.

1. Der Analphabetismus der Gefühle und die Gegenkultur der Autonomie: die Familie „liquidieren"

Vielleicht erinnern sich einige noch an den englischen Butler mit Namen Stevens aus dem Film *Was vom Tage übrigblieb* (USA 1993) des Regisseurs James Ivory. Der Butler war sehr formal, untadelig und naiv, absolut unfähig, seine Gefühle zum Ausdruck zu bringen, vor denen er Angst hatte. In der dramatischen und überzeichneten Handlung bevorzugt der Butler die kalte Steifheit leerer und formaler Beziehungen, an die er sich in seiner Rolle gewöhnt hat. Eine lebendige Beziehung zur Gouvernante hätte ihn aus dem Gleichgewicht geworfen. 20 Jahre später gesteht ihm die Gouvernante ihre Liebe. Stevens ist verlegen und unfähig, das tiefe Gefühl, das er trotz allem in seinem Herzen verspürt, anzunehmen und zum Ausdruck zu bringen. Die Figur erregt Heiterkeit, weil sie dem Klischee des unterkühlten Engländers vergangener Zeiten entspricht und nicht viel mit uns zu tun zu haben scheint. Die Steifheit jener puritanischen Gesellschaft, die ihre Gefühle unterdrückt, scheint in einem radikalen Gegensatz zu stehen zu der Welt, in der wir leben und in der die scheinbare Abwesenheit von Regeln uns die volle Freiheit schenkt, unsere Gefühle zu zeigen und nach eigenem Ermessen in die Tat umzusetzen.

Der Analphabetismus der Gefühle

Dennoch kann sich unter der unkontrollierten und unmittelbaren Zurschaustellung der Gefühle, unter der Gewohnheit, den

Emotionen freien Lauf zu lassen, ein Drama verbergen, das dem soeben beschriebenen ähnlich ist. Es ist vor allem unter Jugendlichen und jungen Erwachsenen weitverbreitet. Man spricht bereits von einem verbreiteten „Analphabetismus der Gefühle" innerhalb der jungen Generationen. In Southhampton (England) und Umgebung erfolgte kürzlich eine Umfrage in gut 90 Schulen unter Schülern der unteren Mittelschicht, von denen etwa 40 Prozent in Familien mit nur einem Elternteil leben. Diese Jugendlichen kennen im Höchstfall etwa zehn Worte, die mit Gefühl und Affektivität zu tun haben. Die Worte unterscheiden sich kaum voneinander, sind im allgemeinen vulgär und lassen keine Feinheiten zu, wenn es darum geht, den eigenen Gemütszustand zu beschreiben oder den anderer zu verstehen.[1] Dieses Phänomen ist alarmierend. Die Unfähigkeit, mit der Welt der eigenen Gefühle in Kontakt zu treten, verhindert gleichzeitig die Kommunikation mit anderen und den Aufbau echter Beziehungen. Einige aus den Medien bekannte dramatische Vorfälle zeigen, daß in dem Gesellschaftsgefüge, in dem wir leben, der Raum der Gefühle und ihrer Kommunikation bei vielen Jugendlichen immer kleiner wird. Dadurch kommt es zu plötzlichen Gewaltausbrüchen, vor allem dort, wo Massenemotionen gelebt werden.

Dieser Analphabetismus der Gefühle, den Soziologen und Psychologen unterstreichen, ist eine Art Unfähigkeit zu lesen und zu schreiben. Das „Lesen" und Verstehen eigener Gefühle geschieht nicht. Diese werden verdrängt oder brechen unkontrolliert aus. Das eigene Innenleben wird nicht gedeutet und nicht in einen größeren Sinnzusammenhang gestellt. Die innersten Gefühle kann der Mensch wegen dieses Analphabetismus nicht in den Handlungsverlauf der eigenen Existenz und der Geschichte „hineinschreiben". Die Gefühle werden also nicht oder nur schlecht zum Ausdruck gebracht, bleiben unverständlich und können nicht umgesetzt werden. Das von Einsamkeit geprägte Umfeld verhindert, die Gefühle zu deuten und den

Sinn zu erkennen, der ihnen zugrunde liegt und Orientierung gibt. Lehrer, Erzählungen und gelebte Gemeinschaft fehlen als maßgebliche Bezugspunkte. Ohne Vokabular, ohne Grammatik, ohne Lehrer lernt man nicht lesen und schreiben. Damit ist das entscheidende Problem für die Formung der Person deutlich geworden: Es muß ein Rahmen gefunden werden, der der Deutung des Phänomens der Gefühle dient, ein Sinnzusammenhang, in den die Erfahrung integriert werden kann, um sie verständlich und konstruktiv zu machen.

Die Familie „liquidieren"

An diesem Punkt müssen wir uns mit einer besonderen Schwierigkeit unseres kulturellen Umfeldes auseinandersetzen. Es gibt hier nicht nur eine Krise der Familie und ihrer traditionellen Erzieherrolle, sondern es findet ein Angriff auf die Familie statt, eine wohlorganisierte Strategie, sie zu „liquidieren". Einer Untersuchung des bekannten polnischen Soziologen Zygmunt Bauman zufolge muß dieser Begriff in erster Linie wörtlich aufgefaßt werden und erst in zweiter Linie symbolisch. Bauman lehrt in Leeds (England) und ist eine der größten Autoritäten für die Interpretation unserer Zeit. Er definiert unsere Zeit als „flüchtige Moderne", die gekennzeichnet ist von der Deregulierung und Privatisierung der Aufgaben und Pflichten, die die Modernisierung mit sich bringt. Man kann es als Individualismus bezeichnen: Während die Betonung zunächst auf der gerechten Gesellschaft lag, so liegt sie jetzt auf den Menschenrechten, die jedoch verkürzt werden auf „das Recht des einzelnen, sich von den anderen zu unterscheiden, und seinen Anspruch, sich für eine eigene Idee des Glücks und einen eigenen Lebensstil zu entscheiden".[2] Die flüchtige Moderne duldet keine festen Körper. Ihre Werte sind Schnellebigkeit, Veränderung, fließender Wandel, Vergänglichkeit und Instabilität. Daher kann die

21

Moderne die Familie, die Klasse, die Nachbarschaft, die Pfarrgemeinde nicht dulden. Sie müssen „verflüchtigt" oder „liquidiert" werden.

Ebenso spricht Bauman von *flüchtiger Liebe:* Auch die Liebe wird zum Kommerz, zur Handelsbeziehung, zur Supermarktware. In der sich schnell wandelnden Gegenwart ist es „normal", die Paarbeziehungen den Handelsbeziehungen anzugleichen. Die Liebe und der Partner werden zum Gut, auf das ich ein Recht habe oder das ich wegwerfe, wenn ich genug davon habe und am Horizont ein „Produkt" sichtbar wird, das mir mehr Befriedigung verspricht. Die Moderne ist beherrscht von Gelüsten, die im Gegensatz stehen zu Wünschen, die gehegt werden, dem Prinzip der Stabilität. Bauman schreibt: „Das Prinzip, die Gelüste zu befriedigen, ist tief in das tägliche Verhalten eingedrillt durch die starke Macht des Konsumgütermarktes. Einen Wunsch zu hegen, gleicht dagegen eher der Liebesverpflichtung – es ist unbequem, unbehaglich, lästig".[3] Das erklärt die Offensive gegen die auf die Ehe gründende Familie, die sich nicht den Regeln oder, besser gesagt, der *Deregulierung* anpaßt: Sie muß liquidiert werden.

An diesem unterschwelligen und beharrlichen Angriff haben die Fernsehprogramme und ganz allgemein die Darstellung der Liebe in den Massenmedien Anteil. In Filmen und Talkshows wird die natürliche traditionelle Familie systematisch in ein negatives Licht gerückt, an den Pranger gestellt und ins Lächerliche gezogen. Sie wird als repressiv und lustfeindlich dargestellt. Jede andere Verhaltensweise und Neigung, und sei sie auch noch so absurd und sinnlos, wird dagegen neutral dargestellt, wird „entideologisiert", also als Normalität verkauft. Unterschwellig oder offen wird das gelobt und gefördert, was Papst Benedikt XVI. als „schwache Liebe" bezeichnet hat: eine Liebe ohne dauerhafte Treue und ohne verbindliche Zukunftspläne.

Ob nicht gerade diese schwache Liebe, diese Flüchtigkeit der Liebe das konkrete Sein der Männer und Frauen realistischer zum Ausdruck bringt und glücklicher macht als ein auch institutionell sanktioniertes Treueversprechen? Genau das Gegenteil ist der Fall, und die Belege dazu kommen von Denkern, die alles andere als traditionalistisch oder klerikal eingestellt sind. Der französische Werbefachmann Frédéric Beigbeder, ein Nihilist und Anarchist, schreibt, daß die Unzufriedenheit die wahre Seele des Kommerzes ist: Diejenigen, die uns durch die Kommunikationsmittel Lebensstile aufdrängen, wollen nicht unser Glück, und zwar aus dem einfachen Grund, daß glückliche Menschen nicht konsumieren.[4] In dem Film *Casomai – Trauen wir uns?* von Alessandro D'Alatri sagt die Schaupielerin Stefania Rocca: „Manchmal glaube ich, daß es das Unglücklichsein ist, das Wachstum und Gewinn hervorbringt. Zwei Menschen, die sich trennen, geben Anwälten und Richtern Arbeit, verdoppeln Wohnungen und Autos, vervielfachen den Konsum. Wenn ich unglücklich bin, kaufe ich mir ein rotes Kleid. Wer glücklich ist, konsumiert weniger." Wiederum in England ist eine neue Gesellschaftskategorie entstanden: die *Dinks*. Dieses Akronym steht für *double income no kids:* ein Paar mit doppeltem Einkommen und ohne Kinder. „Dinks haben keine Vergangenheit und beanspruchen keine Zukunft. Sie lassen sich treiben in einer ewigen, provisorischen, flüchtigen Gegenwart. Außer kurzfristigen machen sie keine Pläne. Wie sollten sie auch, wenn sie nicht an die Zukunft denken und nicht wissen, ob sie in der Zukunft noch zusammensein werden? Aus diesem Grunde sind Dinks viel anfälliger für die Verlockungen der Werbung. Auf den Anreiz (,gib dein Geld so aus!') folgt bei ihnen unmittelbar die Reaktion".[5] Während Dinks perfekte Konsumenten sind, sind Eheleute mit Kindern weniger perfekte. Bevor sie das Auto, den Fernseher oder das Handy wechseln, müssen sie nicht nur einmal, sondern zehnmal darüber nachdenken …

23

Die Gegenkultur der absoluten Autonomie

Diesen Phänomenen wirtschaftlicher, sozialer und moralischer Natur liegt auch eine gut organisierte kulturelle Strategie zugrunde, eine Revolution im wahrsten Sinne des Wortes. Beim Sprachgebrauch angefangen dringt sie in die Mentalität und die rechtlichen Institutionen des Westens ein, um sich dann nach und nach auf globaler Ebene über die ganze Welt zu verbreiten, wie eine Art Neo-Kolonialismus. Das Prinzip der Entscheidungsfreiheit des Individuums im Bereich der Sexualität, der Fortpflanzung und des Lebens wird als etwas Absolutes postuliert, wird zum Faktor des Abbaus der natürlichen und traditionellen Formen der Beziehung in der Familie, in der lokalen Gemeinschaft und in der Gesellschaft.

Im Namen dieses individualistischen Konzepts von Freiheit und Autonomie wird behauptet, daß jede Form der Sexualität gleichberechtigt praktiziert werden kann; man fordert die rechtliche Gleichstellung aller Formen, von den faktischen Lebensgemeinschaften bis hin zur Homosexualität und zur Transsexualität. Verhütung, freie Abtreibung und künstliche Befruchtung werden als Rechte eingefordert, die zur „reproduktiven Gesundheit" gehören. Das Prinzip der Autonomie wird neben das der Gleichheit gestellt, um eine absolute Neutralität des Staates in der Beurteilung der verschiedenen Formen der menschlichen Sexualität herzustellen. Diese, so heißt es, gehören zur Privatsphäre, und das bürgerliche Gesetz habe nur die Aufgabe, die Gleichheit der Rechte zu gewährleisten. Aber eine solche Neutralität des Staates setzt voraus, daß man die Familie nur als eine konventionelle Überstruktur betrachtet, als eine vorübergehende Form unter vielen anderen, von der man sich befreien kann und sogar muß. In Wirklichkeit stehen wir hier vor einem perfekten Beispiel für den Totalitarismus des Relativismus, der nach Kardinal Ratzinger die wahre Freiheit der Personen bedroht und das Überleben der europäischen Zivilisation in Gefahr bringt.[6] Internationale Organisationen wie die Vereinten Nationen oder die Europäische Union fördern dieses Konzept durch kulturelle oder wirtschaftliche Strategien, indem sie die Unterstützung armer Länder an die Übernahme entsprechender gesetzlicher Maßnahmen binden. Am 18. Januar 2006 hat das Europaparlament eine Resolution mit der Forderung verabschiedet, homosexuelle Verbindungen den Paaren, die aus Mann und Frau bestehen, gleichzustellen. Gleichzeitig werden die Staaten und Nationen, die sich der Anerkennung homosexueller Verbindungen widersetzen, als homophob verurteilt. In den internationalen Konferenzen von Kairo (1994) und Peking (1995) wurden Worte wie Ehemann, gegenseitige Ergänzung, Mutter, Vater, Liebe, Jungfräulichkeit, Familie, Identität, Leiden, Dienst aus dem Vokabular einer neuen Kultur gestrichen. Das Schlußdokument der Pekingkonferenz ist der Frau gewidmet und umfaßt gut 200 Seiten. Es ist wirklich paradox, daß es gelungen ist, darin das Wort „Mutter" ganz zu vermeiden. Ein veränderter Sprachgebrauch, der sich einschleicht oder offen auferlegt wird, ist ein Mittel der kulturellen Manipulation, das große Auswirkungen besitzt. Die „Genderideologie" wird aufgezwungen, der zufolge die männliche bzw. weibliche sexuelle Identität, die anatomisch festgelegt ist, nur eine Konvention sei, ein kulturelles Konstrukt der Gesellschaft, das die Freiheit des Individuums einschränkt, sich seinen Neigungen entsprechend zu definieren und auch offenzubleiben gegenüber anderen und späteren Qualifizierungen.[7] Der autonome Wahlakt des Individuums verleugnet die Realität, das Faktum der Schöpfung, und damit den Schenkenden: Gott, den Schöpfer. Wir sehen uns dem Versuch gegenübergestellt, das Konzept der menschlichen Person radikal zu verändern, das dreifaltige und theologische Bild des Menschen als Vater-Mutter, Sohn-Tochter, Ehemann-Ehefrau, Bruder-Schwester zu zerstören. Man schlägt eine universale Solidarität vor, ohne die transzendente Quelle der Brüderlichkeit, den Vater, anzuerkennen und ohne die Einzigartigkeit der Person zu achten. In Wirklichkeit ist dies nicht nur eine Rückkehr zur vorchristlichen Zivilisation, sondern eine Ablehnung des natürlichen Empfindens, das in den verschiedenen Kulturen und religiösen Zivilisationen der Menschheit vorhanden ist.

2. Für eine Kultur der Liebe

Prof. Joseph Raz, der an der Universität Oxford Ethik lehrt, schreibt: „Wenn wir zugeben, daß die Monogamie die einzig gültige Form der Ehe ist, dann kann sie nicht individuell praktiziert werden. Sie bedarf einer Kultur, die sie durch den öffentlichen Sektor und die Institutionen anerkennt und unterstützt".[8] Die monogame, treue und unauflösliche Ehe kann auch in einem Umfeld gelebt werden, das der Ehe negativ gegenübersteht – wie dem soeben beschriebenen. Aber die Ehe ist in sich eine schwache Institution, wenn sie nicht von der sie umgebenden Kultur und den entsprechenden Institutionen getragen wird. In genau diesem Sinne hat uns Johannes Paul II. in seiner letzten Ansprache an unser Institut aufgefordert, auf akademischer Ebene eine „Kultur der Familie" zu fördern.[9]

Die Kultur, sagte Papst Johannes Paul II. im Jahre 1980 in seiner berühmten Ansprache an die Unesco, „ist das, wodurch der Mensch mehr Mensch wird, mehr ‚ist', dem ‚Sein' näherkommt".[10] Die Wahrheit einer Kultur muß also verifizierbar sein in einem Mehr an Licht, an Freude, an Leben und an Liebe, das sie durch die menschliche Erfahrung der Affektivität ermöglicht. Hier liegt die große Herausforderung, auf die Papst Benedikt XVI. seit dem Beginn seines Pontifikats unermüdlich hingewiesen hat und die vor allem in seiner Enzyklika *Deus caritas est* zum Ausdruck gekommen ist: Das Christentum ist weit davon entfernt, den Eros zu vergiften und dem Schönsten auf der Welt Bitterkeit zu verleihen, sondern es ist seine Heilung zu seiner wirklichen Größe hin (Nr. 5). Nun liegt noch der zweite Teil unserer Überlegungen vor uns: Wo finden sich die Elemente zum Aufbau dieser wahren Kultur und was sind ihre wichtigsten Merkmale? Für das Gemeinwohl einer Gesellschaft ist ein wahres Konzept von Liebe und Familie notwendig, das ihrer natürlichen Form entspricht, die auch durch die Vernunft erfaßbar ist.

Zum Herzen zurückkehren, um die Vernunft wiederzufinden

Ob die Kultur, die wir uns erhoffen, möglich und legitim ist, entscheidet sich an folgender Frage: Gibt es wirklich eine Form der Liebe und der Familie, die in ihrem innersten Kern in der Natur des Menschen verwurzelt ist und die deshalb durch die Gesellschaft und ihre Gesetze gefördert werden muß? Oder sind Ehe und die Familie nur kulturelle Gegebenheiten, die dem Wandel unterworfen sind und in verschiedenen Geschichtsepochen verändert werden können, ja sogar verändert werden müssen?

Auf diese Frage gibt der Glaube mit Verweis auf die in der Heiligen Schrift enthaltene Offenbarung eine klare Antwort. Mit der Autorität Petri hat Papst Benedikt XVI. kürzlich noch einmal die Überzeugung der Kirche bekräftigt, daß „Ehe und Familie im innersten Kern der Wahrheit über den Menschen und seine Bestimmung verwurzelt sind".[11] Jesus, die Fülle der Offenbarung, hat in seiner Antwort auf die Frage der Pharisäer nach der Ehescheidung auf eine ursprüngliche Wahrheit verwiesen, die im „Anfang" verwurzelt ist, in der Schöpfung, und die der Mensch kein Recht hat zu manipulieren: „Habt ihr nicht gelesen, daß der Schöpfer die Menschen am Anfang als Mann und Frau geschaffen hat und daß er gesagt hat: Darum wird der Mann Vater und Mutter verlassen und sich an seine Frau binden, und die zwei werden ein Fleisch sein? Sie sind also nicht mehr zwei, sondern eins. Was aber Gott verbunden hat, das darf der Mensch nicht trennen" (Mt 19,4–6). Die Kirche hat durch die Jahrhunderte hindurch aus dieser Lehre Jesu das Licht geschöpft, das es erlaubt, Sexualität und Affektivität richtig zu deuten, in der Ehe ein besonderes Zeichen des Bundes Gottes zu erkennen und so eine Kultur zu schaffen, die auf Ehe und Familie gründet. Die Antwort des Glaubens wurde von den Gläubigen als klar und gewiß angenommen und durch das Zeugnis der christlichen Gemeinschaft und der Heiligen über Jahrhunderte hinweg gefestigt. Heute wird sie jedoch radikal in Frage gestellt. Um einen öffentlichen Dialog zu führen, müssen wir zeigen, daß die natürliche und traditionelle Sicht der Familie für den Menschen große Bedeutung besitzt und ein Teil von ihm ist. Wir suchen ein Licht, das auch diejenigen annehmen, die nicht glauben, ein Licht, das auch der menschlichen Vernunft allein Orientierung schenken kann. Die Vernunft scheint auf Irrwege geraten zu sein und findet nicht mehr zu den Prinzipien zurück, die es ihr ermöglichen, den Weg der Moral zu lenken und eine gerechte Gesellschaft aufzubauen.

Wo soll man beginnen, nach dem unfehlbaren Kriterium zur Unterscheidung zwischen einem wahren und guten Leben und einer falschen Lebensgestaltung zu suchen, wenn nicht bei der Erfahrung in ihrer natürlichsten und ursprünglichsten Form, dem Zeugnis des „Herzens"? Die Kriterien für die Wahrheit und das Gute müssen in uns selbst liegen, sonst sind wir entfremdet. Was ist also das Herz? Es ist das Zusammenspiel der ursprünglichen und grundlegenden Bedürfnisse und Gegebenheiten, mit denen die Natur uns in die Realität entläßt und von denen ausgehend jeder Mensch – ganz gleich, ob er es will oder nicht, ob es ihm bewußt ist oder nicht – alles, was ihm widerfährt, spontan beurteilt: die Bedürfnisse und Gegebenheiten der Gerechtigkeit, der Wahrheit, des Guten und der Schönheit. Die thomistische Tradition spricht von „natürlichen Neigungen", einem angeborenen Streben nach bestimmten Gütern, von denen wir erkennen, daß sie uns entsprechen: der Lebenserhaltungstrieb, der Gemeinschaftstrieb, der Trieb, die Wahrheit zu suchen, Mitleid zu empfinden und den Leidenden zu helfen. Zu diesen natürlichen Neigungen gehört auch und besonders der Geschlechtstrieb. Benedikt XVI. sagt deutlich: Unter den vielen verschiedenen Arten von Beziehungen, die es gibt, „erscheint aber doch die Liebe zwischen Mann und Frau, in der Leib und Seele untrennbar zusammenspielen und dem Menschen eine Verheißung des Glücks aufgeht, die unwiderstehlich scheint, als der Urtypus von Liebe schlechthin, neben dem auf den ersten Blick alle anderen Arten von Liebe verblassen".[12]

Was aber ist der volle menschliche Sinn dieser natürlichen Neigung? Um zu einer gelungenen Lebensgestaltung beizutragen, muß sie in einen allgemeinen Sinnzusammenhang hineingestellt werden, der ihr eine Bedeutung gibt und der sich im Leben jedes einzelnen Menschen nach und nach abzeichnet – entsprechend den Erfahrungen, die der Reifeprozeß der Person mit sich bringt. Der menschliche Verstand begreift, daß der volle Sinn der geschlechtlichen Anziehung nur dann geachtet wird, wenn man den anderen als Person behandelt und nicht nur als Gelegenheit, die eigene Lust auszuleben. Das „Herz" ist der Ursprung jenes undefinierbaren Unbehagens, das den Menschen überkommt, wenn er zum Beispiel als reines Lustobjekt benutzt wird.[13] Das Herz sagt, daß die richtige Haltung gegenüber dem anderen die Liebe ist und daß die geschlechtliche Anziehung in sie hineingestellt und in ihr gelebt werden muß. So kann man zwischen einer guten und angemessenen Umsetzung der Sexualität und einer schlechten und falschen Einstellung zu ihr unterscheiden. Der hl. Thomas spricht von Samenkörnern der Tugend, die in unsere Triebe eingeschlossen sind: Die Vernunft kann sie sehen und pflegen, und wenn sie sich mit der Zeit durch das entsprechende Handeln entfaltet haben, bringen sie die sittlichen Tugenden hervor. Eine Kultur der Liebe muß im Mann und in der Frau jene tugendhaften Veranlagungen pflegen, die einen vollkommen menschlichen Sinn der Sexualität und der Affektivität entwickeln.

Durch unsere Vernunft und ihre Fähigkeit, die diesbezüglichen Erfahrungen im Licht des „Herzens" zu deuten, können wir also verstehen, was die Sexualität und was die Familie ist. In bezug auf den Sexualtrieb offenbart uns die Vernunft, die unsere Erfahrungen interpretiert, daß die geschlechtliche Differenz, die in den männlichen und in den weiblichen Leib eingeschrieben ist, der unüberwindliche Faktor ist, der die Begegnung und die Selbsthingabe ermöglicht. Sie richtet uns auf die Selbsthingabe aus, die eine ihr eigene innere Logik besitzt. Sie verlangt Ganzheit und Endgültigkeit und muß in ihrer Fruchtbarkeit geachtet werden. Dietrich von Hildebrand schreibt: „Die sinnliche Sphäre ist ihrem Sinn nach ein besonderes Ausdrucks- und Erfüllungsfeld der ehelichen Liebe. Sie allein ist daher imstande, diese Sphäre organisch mit der des Herzens und des Geistes zu verbinden. Einzig die eheliche Liebe besitzt gleichsam den Schlüssel, den erlebnismäßigen Sinn dieser Sphäre zu aktualisieren und ihr wahres positives Gesicht der Person sichtbar zu machen".[14] Die vernunftgemäße Form der Umsetzung der Sexualität, die der Realität des Sexualtriebs in all seinen Dimensionen entspricht, ist daher die Ehe, verstanden als rechtmäßiger Bund zwischen einem Mann und einer Frau.

Darüber hinaus steht die Fähigkeit zur Zeugung neuer Personen, die der Geschlechtlichkeit zwischen Mann und Frau von Natur aus innewohnt, nicht außerhalb dieses Sinnzusammenhangs. Im Gegenteil: Sie bestätigt und untermauert ihn sogar. Einerseits zeigt sich die menschliche Geschlechtlichkeit nur dann in ihrer ganzen Wahrheit, wenn sie offenbleibt gegenüber der Dimension, die die ursprüngliche Beziehung zwischen den beiden Ehepartnern übersteigt, wie Maurice Blondel in bezug auf die seltsame Mathematik der Liebe sagte: „Zwei Wesen sind nur mehr eines, und sind sie eins geworden, werden sie drei." Die Geschlechtlichkeit entspricht den Anforderungen der wahren Liebe nur dann, wenn sie die Öffnung zur Weitergabe des Lebens nicht vorsätzlich ausschließt. Wenn sie sich als Luststreben in sich selbst zurückzieht, wird sie auch als menschliche Erfahrung unfruchtbar.

Andererseits ist das Kind – die Frucht der Hingabe – keine Sache, sondern eine Person. Es wird nur dann rechtmäßig gewollt, ins Leben gerufen und angenommen, wenn es nicht als „Produkt" behandelt wird, das gewisse Ansprüche erfüllen muß, sondern wenn es als einzigartige und unwiederholbare Person erkannt wird, die in sich selbst wertvoll ist und Achtung verdient, weil sie „jemand" und nicht „etwas" ist. So wird verständlich, warum nur der eheliche Akt der angemessene Ort ist, um einer Person das Leben zu schenken. Ebenso ist nur die rechtmäßig gegründete Familie eines Mannes und einer Frau das Umfeld, in dem die Person auf angemessene Weise erzogen werden kann.

Universalität der Erfahrung der Liebe

So haben wir kurz die Wahrheiten dargelegt, die von Natur aus in die Herzen der Männer und Frauen eingeschrieben sind und die die Vernunft begreifen kann. All dies ist nicht nur Ausdruck einer katholischen Sicht der Moral, die nur für die Gläubigen Gültigkeit besitzt, sondern sie kann auch von denen vertreten werden, die nicht glauben oder die einen anderen Glauben haben. Wir stehen hier der Universalität der Erfahrung der Liebe gegenüber, die einen Weg öffnet zum Dialog und zur Begegnung zwischen den Menschen und die den Weg der rein rationalen Universalität Kants übersteigt. Die Erfahrung der Liebe, besonders in ihrer Urform der Liebe zwischen Mann und Frau, zeigt sich als universaler Weg zum Verständnis des Menschlichen. Keinem Menschen ist die Erfahrung der Liebe fremd, ganz gleich welcher Kultur, Rasse oder Religion er angehört, woher er kommt oder wie alt er ist: Sie geht alle an und ist gewissermaßen jedem Menschen und jeder Epoche zu eigen.

Um diese Universalität wirklich zu erfassen, muß die Deutung überwunden werden, die der Emotivismus und der Romantizismus von der Liebe geben, die diese nur dem subjektiven Empfinden zuordnen. Die universale Dimension der Liebe, deren höchste Form die vom Evangelium gebotene Feindesliebe ist, liegt nicht in einem psychologischen Prinzip begründet, sondern im Verweis auf eine ursprüngliche Liebe, die uns vorausgeht, der Liebe des Vaters: „Denn er läßt seine Sonne aufgehen über Bösen und Guten, und er läßt regnen über Gerechte und Ungerechte" (Mt 5,44 f.).[15] Es gibt einen universalen Wunsch, glücklich zu sein, der alle Menschen verbindet, weil alle den Wunsch haben zu lieben, auch wenn nicht alle mit universaler Öffnung zu lieben wissen. Gleichermaßen gibt es eine auf dem Guten gründende Kommunikation der Liebe, die eine Universalität besitzt, die der des Glücklichseins ähnlich ist. Sie liegt in der universalen Kommunikation des Guten begründet, an der wir alle durch die Schöpfung teilhaben.

Darüber hinaus ist die Dynamik der Liebe ihrem Wesen nach dem Glauben gegenüber offen: Sie bringt dem anderen stets persönliches Vertrauen entgegen und öffnet sich ihm und der Verheißung des Guten, die uns in der Begegnung und im gegenseitigen Austausch erreicht. Wie Papst Benedikt XVI. in seiner ersten Enzyklika in Erinnerung gerufen hat, bedeutet zu lieben stets auch, der Liebe zu glauben.[16] Nach der inneren Logik der Liebe zu handeln bedeutet, sich dem anderen vertrauensvoll zu öffnen und sich so gleichzeitig dem geheimnisvollen Sein der menschlichen Existenz gegenüber zu öffnen. Der Begriff „geheimnisvoll" zeigt hier nicht das Unbekannte an, sondern vielmehr die Öffnung gegenüber dem Urheber des Lebens und des Guten. Die Erfahrung der Liebe schließt diese Öffnung mit ein.

So läßt uns gerade die Erfahrung der Liebe, wenn sie in ihrer ganzen Wahrheit erfaßt wird, die Trennung zwischen Gläubigen und Nichtgläubigen überwinden, zwischen dem, was christlich, und dem, was rein menschlich ist. Die Liebe ist nämlich eine universale und ursprüngliche menschliche Erfahrung, die in der Lage ist, die grundlegende Wahrheit über den Menschen zu offenbaren. Das Christentum wiederum ist anthropologisch bedeutsam, weil es ein Licht schenkt, das den letzten Sinn offenbart. Wir müssen jedoch erkennen, daß man nicht selbstverständlich und nicht ohne Schwierigkeiten zur Wahrheit der Liebe gelangt: Es bedarf dazu des erzieherischen Kontexts einer Gemeinschaft und kompetenter, glaubwürdiger Zeugen, es bedarf eines klaren Blicks, und diese Dinge findet man heute nicht oft. Selbst die Idee, daß es eine „natürliche" Form gibt, die Sexualität zu leben, wird in weiten Kreisen in Frage gestellt. Der heutige Mensch erkennt seine eigene ursprüngliche Natur nicht mehr. Wir müssen also unsere Überlegungen geduldig wiederaufnehmen und bei einer Problematik sozialen Charakters ansetzen, mit Hilfe einer Argumentation, die die elementarsten Ansprüche des Gemeinwohls in Betracht zieht.

Familie und Gemeinwohl

Warum soll das bürgerliche Gesetz einer „laikalen" und pluralistischen Gesellschaft, wie unsere westlichen Gesellschaften es sind, die Ehe zwischen Mann und Frau als privilegierte Form der Umsetzung der menschlichen Sexualität und als Grundlage zum Aufbau der Familie fördern? Unsere Gedankengänge werden jetzt nicht mehr auf der der Erfahrung innewohnenden Rationalität basieren, sondern auf dem Wesen der Gesellschaft und dem Gemeinwohl, das diese rechtfertigt.

Welche Bedeutung hat die Idee eines „Gemeinwohls" als Grundlage der Gesellschaft?[17] Den sozialen Beziehungen zwischen den Menschen wohnt ein Gut inne, das wesentlich ist für das persönliche Leben und das daher geschützt und gefördert werden muß. Nur in der gelebten Beziehung zum anderen und zu den anderen wird das Umfeld geschaffen, in dem jeder in der eigenen Menschlichkeit wachsen kann. Das steht der Auffassung des Individualismus entgegen, der den Menschen als isoliertes Einzelwesen und die Beziehung zu den anderen Personen als etwas rein Äußerliches und nicht Ursprüngliches betrachtet. Die andere Person ist aber nicht nur eine Grenze, die meinen Rechten gesetzt wird. Sie ist der Gesprächspartner, durch den ich mir meiner selbst bewußt werden und meine Persönlichkeit entfalten kann. Das Gemeinwohl ist also „die Gesamtheit jener Bedingungen des gesellschaftlichen Lebens, die sowohl den Gruppen als auch deren einzelnen Gliedern ein volleres und leichteres Erreichen der eigenen Vollendung ermöglichen".[18] Eine Gesellschaft, die nur auf der individualistischen Idee der Rechte des Individuums aufgebaut wäre, ohne die höhere Ebene des Gemeinwohls zu berücksichtigen, würde am Ende auch das Wohl der Person verneinen.

Die auf der dauerhaften Ehe eines Mannes und einer Frau gründende Familie ist ein wesentliches und entscheidendes Element für das Gemeinwohl der Gesellschaft. Viele Verfassungen unserer Staaten erkennen die Familie ausdrücklich als erste, natürliche Keimzelle der Gesellschaft, als Grundlage des bürgerlichen Lebens an. Diese uralte und stets gültige Überzeugung wird bestätigt durch eine kürzlich erschienene soziologische Studie, die das Konzept des „sozialen Kapitals" untersucht hat. Dieses bezeichnet das kulturelle Erbe und den Bestand, der die Beziehungen des Vertrauens, der Zusammenarbeit und der Wechselseitigkeit zwischen den Personen trägt. Eine Gesellschaft muß die Werte des gegenseitigen Vertrauens, der Loyalität und der Solidarität aus den Grundbeziehungen innerhalb der Familie schöpfen, um nicht unmenschlich zu werden und sich auf fatale Weise selbst zu zerstören. Sie ist das erstrangige soziale Kapital, und auf ihr gründet das zweitrangige: die Beziehungsnetze und Zusammenschlüsse im bürgerlichen Bereich. Das soziale Kapital ist also ein Beziehungsgut, das alle zusammen produzieren und nutzen und ohne das die Gesellschaft zugrunde geht.

Der Gedankengang ist einfach: Die Gesellschaft hat, für ihre eigene Existenz, ein vitales Interesse an der Förderung der Einrichtung, die für das Entstehen des sozialen Kapitals maßgeblich ist: die monogame und dauerhafte Ehe, die auf der fruchtbaren Verbindung zwischen einem Mann und einer Frau gründet. Die anerkannte geschlechtliche Differenz ist die Urform der Annahme des anderen in seiner Identität und Andersheit, die die Grundlage der Wechselseitigkeit ist. Nur in einer dauerhaften Verbindung kann die positive Funktion für die betreffenden Personen ausgeübt werden und ist eine Erziehung möglich. Nur durch die Geburt und Erziehung von Kindern gewährleistet die Gesellschaft die eigene Zukunft. Nur durch die Unterstützung der schwachen und alten Menschen, die von der Familie gewährleistet wird, ist die Gesellschaft in der Lage, eine angemessene Antwort zu geben auf immer stärker vorhandene soziale Bedürfnisse.

Natürlich bringt nicht jede Form des Zusammenlebens dieses erstrangige soziale Kapital hervor. Es liegt nicht im Interesse der Gesellschaft, Lebensgemeinschaften zu fördern, in denen die Partner die Pflicht zur gegenseitigen Unterstützung, zur Treue und zum dauerhaften Zusammenleben nicht in der vom öffentlichen Recht vorgegebenen Form übernehmen wollen. Die Gleichstellung von Formen des Zusammenlebens, die einerseits die dem Ehebund entspringenden Rechte fordern, andererseits aber die entsprechenden Pflichten ausschließen, würde unvermeidlich zur Schwächung der Institution der Familie führen, die die Gesellschaft trägt. Das bürgerliche Recht hat nämlich Erziehungscharakter. Nach dem englischen Kriminologen Nigel Walker werden die Gesetze einer Generation leicht zur Sitte der nächsten Generation.[19] Die Privatisierung der Liebe und die ausschließliche Berücksichtigung der Rechte des Individuums führen zu einer raschen Aufzehrung des notwendigen Kapitals, das für das Leben einer Gesellschaft unverzichtbar ist.

Noch mehr wäre zu sagen im Hinblick auf die schwächsten Glieder der Gesellschaft, die zu schützen das Gesetz besonders verpflichtet ist. In diesem Fall sind es die Kinder. Durch die adoptionsrechtliche Gleichstellung nicht dauerhafter oder homosexueller Lebensgemeinschaften, in denen die gegenseitige Ergänzung der Vater- und der Mutterfigur fehlt, wird den Minderjährigen das Recht abgesprochen, in einem angemessenen familiären Umfeld, wie es die natürliche Familie ist, geboren zu werden und aufzuwachsen – ohne daß man weiß, welche psychischen Folgen es für die Heranwachsenden haben wird. Da auf diese Weise Menschen dem Leben in einem Umfeld augesetzt werden, das für ihre psychische Entwicklung und ihr Wachstum ungeeignet ist, wird damit auch das Prinzip der Gleichheit der Personen verletzt. Daher müssen die Gesetze, die diese Formen des Zusammenlebens mit der Ehe gleichstellen, als ungerecht eingestuft werden.

3. Schluß

„Die Zukunft der Menschheit geht über die Familie!" Jetzt können wir ermessen, welch wahrhaft prophetischen Charakter diese Aussage hat, die Johannes Paul II. vor mehr als 25 Jahren im Apostolischen Schreiben *Familiaris consortio* machte.[20] Wird die Familie zerstört, verschwindet der Bereich der Kultur, in dem der Mensch sich selbst finden und in seiner wahren Menschlichkeit wachsen kann, in seiner Fähigkeit, bis zur Selbsthingabe lieben zu lernen. Eine Gesellschaft, die die Familie zerstört, ist eine zum Selbstmord verurteilte Gesellschaft. Wir stehen bereits der Möglichkeit einer solchen Zerstörung gegenüber. Daher ist die Herausforderung für uns heute dramatisch und dringend. Eine Antwort muß auf anthropologischer, ethischer, rechtlicher und erzieherischer Ebene gegeben werden. Sie muß vor allem bewußt und organisch auf den Aufbau einer wahren „Kultur der Familie" abzielen.

Vor kurzem sagte Benedikt XVI. zu uns: „Die Lebens- und Liebesgemeinschaft, die die Ehe ist, erweist sich somit als ein wahres Gut für die Gesellschaft. Heute ist es besonders dringlich zu vermeiden, daß die Ehe mit anderen Verbindungsformen verwechselt wird, die auf einer schwachen Liebe gründen. Nur der Fels der totalen und unwiderruflichen Liebe zwischen Mann und Frau ist imstande, die Grundlage für den Aufbau einer Gesellschaft zu sein, die für alle Menschen ein Zuhause wird".[21] Die Aufgabe, die vor uns liegt, hat Johannes Paul II. aufgezeigt. Wir müssen „lieben lehren", damit die Person und die Gesellschaft auf dem festen Fels der wahren Liebe gründen und die Familien Wohnstätten sein können, in denen der Mensch seiner ursprünglichen Berufung entsprechend gefördert wird.

II. „ALS MANN UND FRAU SCHUF ER SIE".
DIE THEOLOGIE DES LEIBES UND DER
GESCHLECHTSUNTERSCHIED

Eines der charakteristischen und dominierenden Merkmale der Kultur, die uns umgibt und die in alle Lebensbereiche eindringt, ist der Verlust der Bedeutung des Geschlechtsunterschiedes zwischen Mann und Frau für ihre Identifikation. Dies ist auch der Hintergrund der großen Herausforderung in der Erziehung. Nachdem sie den Geschlechtsakt von der Ehe und von der Fortpflanzung getrennt hat, tendiert die sogenannte „sexuelle Revolution" dazu, die Sexualität als von der Person als solcher losgelöst zu betrachten. Die Sexualität wird nicht mehr als naturgegebene Aufgabe und als eine Ebene der persönlichen Identität wahrgenommen, sondern vielmehr als willkürliche Entscheidung des Individuums, bei der das Verantwortungsbewußtsein keine Rolle spielt und die keine moralische und gesellschaftliche Relevanz besitzt. Hier sollen nicht die Wurzeln dieses kulturellen Phänomens untersucht, sondern vielmehr die Grundlinien des ursprünglichen Planes Gottes dargelegt werden. Dieser ist der endgültige Bezugspunkt der Erziehungsarbeit und die wahre Antwort auf die Sorge und Verwirrung, die dort herrscht, wo wir heute berufen sind, unseren erzieherischen Dienst, also die Hinführung der Person zur Wahrheit ihres Seins, auszuüben.

„Gott schuf also den Menschen als sein Abbild; als Abbild Gottes schuf er ihn. Als Mann und Frau schuf er sie" (Gen 1,27): So bringt die Heilige Schrift gleich zu Anfang die Grundwahrheit über die menschliche Sexualität zum Ausdruck. Diese ist „etwas Gutes". Sie gehört zum Schöpfungsplan Gottes. In der Einheit und Unterschiedlichkeit von Mann und Frau verewigt und offenbart Gott sein eigenes Bild und schenkt eine besondere Berufung, diesem Bild Ausdruck zu verleihen. Papst Johannes Paul II. hat, vor allem in seinen Mittwochskatechesen (1979–1984) und im Schreiben *Mulieris dignitatem* (15. August 1988), diesem Geheimnis der Einheit und der Dualität lange Reflexionen gewidmet, um es zu vertiefen:

> Der Erzählung im Buch Genesis folgend, haben wir festgestellt, daß die „Endschöpfung" des Menschen in der Erschaffung der Einheit zweier Wesen besteht. Ihre Einheit bezeichnet vor allem die Identität der menschlichen Natur; die Zweiheit hingegen bringt das zum Ausdruck, was auf der Basis dieser Identität die Männlichkeit bzw. Weiblichkeit der erschaffenen Menschen ausmacht.[1]

Für uns geht es also darum, den Worten der Heiligen Schrift und den Reflexionen Johannes Pauls II. folgend, „den Grund und die Folgen der Entscheidung des Schöpfers zu verstehen, daß der Mensch immer nur als Frau oder als Mann existiert".[2] Welche Bedeutung haben dieser Unterschied und diese Einheit? Was bedeutet die duale Einheit des menschlichen Daseins für die Person und für ihre Berufung?

Den Vorgaben der Katechesen folgend, werden wir die Grundzüge einer „Theologie des Leibes" entwickeln. Dieser ungewöhnliche Begriff soll zum Ausdruck bringen, daß das Licht der christlichen Offenbarung die menschliche Erfahrung der Leiblichkeit in ihrer tiefsten Wahrheit erhellt. Es handelt sich also um ein theologisches Thema, das aus der Perspektive des Glaubens heraus behandelt wird. Aber der Glaube ist nicht von der Erfahrung getrennt, sondern in ihm wird ein Licht geschenkt, das den letztendlichen Sinn der Erfahrung erfaßbar macht – auch den Sinn jener besonderen Erfahrung, die der Geschlechtsunterschied darstellt. Der Glaube verschafft Klarheit. Der Prüfstein der christlichen Darlegung der Sexualität ist also ein Mehr an Vernunft und Menschlichkeit, an Intelligenz und Bedeutung im Vergleich zur Ideologie und Praxis der sogenannten sexuellen Revolution. Die christliche Haltung ist nicht fideistisch: Sie nimmt die Herausforderung und die Gegenüberstellung im Bereich der Erfahrung an. So kann sie den Anspruch erheben, sich als vernünftiger zu erweisen und als fähiger, allen Aspekten des Menschlichen ihren Wert zuzumessen: dem Instinkt, der Vernunft, dem Gefühl, dem Verlangen und der Freiheit. Dem Slogan „es ist ja nichts weiter als ...", der für die Verkürzung der Sexualität in der Gegenwart typisch ist und der Aggressivität und Verzweiflung und damit Skepsis zum Ausdruck bringt, wird also die Herausforderung des Glaubens gegenübergestellt, die Erfahrung größerer Tiefe im menschlichen Leben.

Diese Reflexion wird in drei Schritten erfolgen:

1. Am Anfang wird eine einführende Betrachtung über die Bedeutung des Leibes für die Person stehen, da Männlichkeit und Weiblichkeit in den Leib eingeschrieben und Teil der persönlichen Identität eines jeden Menschen sind;

2. dann werden wir bei der Bedeutung des Geschlechtsunterschiedes im ursprünglichen Plan Gottes verweilen;

3. abschließend wird die Erlösung der menschlichen Sexualität und damit verbunden die Ebene der Berufung behandelt werden.

1. Der Leib, „Sakrament" der Person

Das zentrale Element einer Anthropologie, die in der Lage sein soll, die objektiven Bedeutungen der menschlichen Sexualität zu erklären, ist eine Reflexion über den Leib, der „von der ganzen Wirklichkeit der Person durchdrungen ist".

Person und Leiblichkeit

Der Mensch unterscheidet sich von allen anderen Geschöpfen wesentlich, weil er gleichzeitig der sichtbaren Welt der Materie und der unsichtbaren Welt des Geistes angehört. Durch den Leib gehört er zur Natur und kommuniziert mit dieser, wobei ein ständiger Austausch stattfindet; durch die Seele übersteigt er die Materie und erreicht die geistige Ebene des Seins. Und dennoch bilden im Menschen Materie und Geist eine tiefe Einheit. Im Menschen gibt es eine Vielzahl von Impulsen, Dynamiken, Anregungen, die von der Außenwelt oder aus seinem Inneren heraus kommen: Instinktivität, biologische und psychologische Impulse, Affektivität ... All dies ist jedoch nicht ohne inneren Zusammenhang. Es gibt einen einigenden Faktor, eine Grundlage der Einheit und der Harmonie: Der Mensch ist ein Ich, das geistig und materiell zugleich ist.

Die Person ist also die Grundlage und das einheitliche Ganze all der vielfältigen Ebenen, aus denen der Mensch besteht. Sie ist der Punkt, an dem die verschiedenen Bestandteile des Menschen eins werden. Den „Primat der Person" anzuerkennen bedeutet zu erkennen, daß die einzelnen Elemente des Menschen (Instinkt, Emotion, Gefühl, Wille und Vernunft) dazu bestimmt sind, einander als Einheit zu ergänzen, deren Bezugspunkt die Person ist.

Andererseits ist der Leib kein Zusatz zur Person, die auch ohne ihn auskommen oder ihn wie einen Gegenstand gebrauchen könnte, sondern er ist ein wesentlicher Teil der Person, ist für sie grundlegend. Zur ganzheitlichen Definition der Person gehört auch ihr leibliches Sein, denn der Mensch ist nicht nur Seele.[3] Die Einheit von Leib und Seele ist eine substantielle, innige und tiefe Einheit: Das besagt die These des hl. Thomas über die Einheit der substantiellen Form des Menschen. Die Ebenen, die Thomas von Aquin die vegetative, animalische und geistige Ebene des personalen Lebens nennt, sind nicht nur einfach nebeneinandergestellt, in einer zufälligen Anordnung, in der die eine mit der anderen nichts zu tun hat. Im Gegenteil, die vernünftige Seele wirkt auf die ganze Leiblichkeit des Menschen ein, verwandelt sie und stellt sie in einen neuen Horizont hinein. Sie ist daher nicht rein materiell, sondern sie ist personale Leiblichkeit. Johannes Paul II. sagt in einer seiner Katechesen: Der menschliche Leib in seiner ganzen Wahrheit „ist der Leib, der sozusagen von der ganzen Würde der Person durchdrungen ist".[4] Der Leib kann also Ausdruck der Person werden: Er zeigt die Person in ihrer Sichtbarkeit. Johannes Paul II. hat ihn „Sakrament" der Person genannt: sichtbares Zeichen des Unsichtbaren.[5] Die unsichtbare und innere Wirklichkeit der Person wird durch die sichtbare und äußere Wirklichkeit des Leibes ausgedrückt und verwirklicht. Durch seine Leiblichkeit kann der Mensch sich ausdrücken, mit anderen kommunizieren, zu ihnen in Beziehung treten, sich hinschenken und den anderen annehmen.

Und die Leiblichkeit bedeutet gleichzeitig Bedingtheit und Reichtum. Sie beschränkt die Ausdrucksmöglichkeiten der Person, indem sie sie an eine bestimmte Zeit und an einen bestimmten Ort bindet, sie abhängig macht von biologischen, physiologischen und psychologischen Rhythmen und sie zahlreichen anderen Bedürfnissen individueller Natur unterwirft. Gleichzeitig ist die Leiblichkeit Reichtum, Mittel zur Kommunikation und zur Herstellung von Beziehungen zu anderen Menschen und zur Umwelt. Sie ist eine Einladung, schöpferisch tätig zu sein – nicht im absoluten Sinne, sondern unter den gegebenen Voraussetzungen. Die Leiblichkeit drückt die Geschöpflichkeit der Person aus: ihre Abhängigkeit von den gegebenen Zuständen, die akzeptiert werden müssen, und ihre Verantwortung, diese Früchte tragen zu lassen. Dadurch wird auch die Würde des Leibes deutlich. Er ist weder ein Kerker der Seele noch ein Götze; er ist nichts rein Biologisches, keine bloße Ansammlung von Organen, Stoffen und Funktionen, sondern drückt die Person aus und verwirklicht sie. Der Leib ist also der Person untergeordnet, ist aber gleichzeitig ein wesentlicher Teil von ihr. So kann man verstehen, welche Beziehung sich zwischen Freiheit und Leib entwickelt. Letzterer ist nicht einfach Material, das manipuliert werden kann, sondern er ist der Ort, an dem Bedeutungen vorhanden sind, die aufgenommen und erkannt werden müssen. Die Phänomenologie hat den Symbolcharakter des „gelebten" Leibes hervorgehoben.[6] Durch die Sprache der Instinkte, der Emotionen und der Affektivität bringt der Leib Bedeutungen zum Ausdruck, die vom Bewußtsein erkannt und auf der Ebene der Person gelebt werden müssen. Lange bevor ein reflektiertes Wissen über sie vorhanden ist, bilden die leiblichen Gesten bereits eine Einheit aus Bedeutung und Kommunikation, die durch die Freiheit nicht willkürlich manipulierbar sind. Das spontane Weinen des Säuglings bringt einen Hilferuf zu Ausdruck, noch bevor er sich dessen bewußt ist. Der Händedruck und der Kuß liegen im Grenzgebiet zwischen Natur und Kultur – dort, wo die gesellschaftlichen Konventionen Elementen, die tief in der Natur verwurzelt und daher in den verschiedenen Kulturen vorhanden sind, unterschiedliche Formen gegeben haben. Diese Sprache ist also sehr wohl Menschenwerk, aber kein willkürliches. Sie geht von einer natürlichen Gegebenheit aus, die unreflektiert vorhandene Bedeutungen in sich trägt, universell gültige Regeln der Kommunikation, die in der Leiblichkeit verwurzelt sind.

Die Freiheit der Person ist also nicht völlige Unabhängigkeit von der Natur, sondern sie ist eine fleischgewordene Freiheit, die dadurch zum Ausdruck kommt, daß sie die eigenen Voraussetzungen annimmt und sie auf eine höhere Ebene hebt. Sie ist aufgerufen, mit den anderen auf der Grundlage der objektiven Bedeutungen der Leiblichkeit zu kommunizieren. Sie legt diese Bedeutungen nicht willkürlich fest, sondern findet sie bereits als gegeben vor und muß sie daher erkennen und umformen, damit sie die Person angemessen zum Ausdruck bringen können.

Der gewählte Ansatz stellt also das Grundproblem der Leiblichkeit nicht auf eine biologische, sondern auf eine hermeneutische Ebene: Was ist der grundlegende Sinn des Leibes? Nach welcher Regel funktioniert seine Sprache? Auf diese Weise wird die Unterscheidung zwischen dem, was der Würde der Person entspricht, und dem, was ihr nicht entspricht, nicht einfach auf der Grundlage biologischer Kriterien bestimmt, sondern von Bedeutungen abhängig gemacht, die in die menschliche Leiblichkeit eingeschrieben sind und die in der hermeneutischen Reflexion über das Gelebte erfaßt werden können. Zwischen einem naturalistischen und einem subjektivistischen Zugang liegt diese *via media*, auf die Johannes Paul II. in seinen Katechesen hingewiesen hat und die die ganze Wahrheit über den Menschen und über seine Sexualität erfaßt, wobei der Ausgangspunkt die menschliche Erfahrung ist, erhellt durch die Begegnung mit Christus, den menschgewordenen Sohn Gottes. Die Hermeneutik der Leiblichkeit wird also zur theologischen Hermeneutik, ohne dabei die Erfahrung aus dem Auge zu verlieren.

Bevor man über den Geschlechtsunterschied und seine Bedeutungen in der Sprache des Leibes nachdenkt, ist es notwendig, innezuhalten und das zu betrachten, was für die Theologie des Leibes theologisch gesehen den innersten Kern darstellt: die Einsetzung der Eucharistie durch Jesus Christus. Sie hat natürlich keinen direkten Bezug zur sexuellen Ebene, verweist aber auf den letztendlichen Sinn der menschlichen Leiblichkeit, der auch dem spezifischeren Aspekt vorausgeht und ihn begründet. In ihr wird nämlich die bräutliche Liebe Christi verwirklicht, der sich hinschenkt für seine Braut, die Kirche, indem er zu ihrer Nahrung wird (vgl. Eph 5,21–33). Die eheliche Liebe zwischen einem Mann und einer Frau ist dazu berufen, in der Welt das sichtbare Zeichen dieses „großen Geheimnisses" zu sein.

Jesus hat im erhabensten Augenblick seines Lebens und seiner Sendung die Worte gesprochen, die den letztendlichen Sinn des Leibes offenbaren: „Nehmet und esset alle davon: Das ist mein Leib, der für euch hingegeben wird. Tut dies zu meinem Gedächtnis." Diese Worte, zusammen mit denen, die Jesus über den Kelch spricht, drücken die vollkommene Selbsthingabe im eucharistischen Mahl und im Kreuzesopfer aus. Das ganze irdische Leben Jesu war eine Selbsthingabe an die anderen durch seinen Leib, damit die Menschen, indem sie ihn schauten, anfaßten und hörten, Gott begegnen konnten (vgl. 1 Joh 1). „Denn in ihm wohnt die ganze Fülle der Gottheit *leibhaftig*" (Kol 2,9). Gleichzeitig erfüllt Jesus durch die Opfergabe seines eigenen Leibes den Willen des Vaters (Hebr 10,10). Die priesterliche und erlösende Tat Jesu wird durch die Hingabe des eigenen Leibes zum Heil der Brüder verwirklicht.

Im Sohn ist der in der Eucharistie hingegebene Leib also Ausdruck der „Selbsthingabe" für das Leben der Welt (vgl. Joh 6,51) und – davon untrennbar – Erfüllung des Willens des Vaters. Und so muß es auch für den Christen sein. Der hl. Paulus zieht in der Tat daraus die Konsequenz: „Angesichts des Erbarmens Gottes ermahne ich euch, meine Brüder, eure Leiber als lebendiges und heiliges Opfer darzubringen, das Gott gefällt; das ist für euch der wahre und angemessene Gottesdienst" (Röm 12,1). Der Leib ist Ausdruck der Person in ihren konkreten Lebensumständen: Er ist für die Selbsthingabe und für den Gottesdienst geschaffen. In der Hingabe des Leibes wird die Hingabe der Person verwirklicht.

2. Der Geschlechtsunterschied und das Geschenk des Leibes

Im Licht dieser Hermeneutik der Hingabe, die ihren theologischen Höhepunkt in der Eucharistie besitzt, müssen wir jetzt über die Bedeutung des Geschlechtsunterschiedes von Mann und Frau nachdenken. Die Leiblichkeit des Menschen ist nämlich grundlegend von der Sexualität gekennzeichnet, so daß der Mensch als „Mann" oder als „Frau" existiert. Die sexuelle Konnotation ist kein rein zufälliges Element der Person, sondern ein entscheidendes Merkmal, um ihre Natur und ihre Gottesebenbildlichkeit zu erklären. Sie ist eine ursprüngliche Gegebenheit des Leibes, die die Person auf eine Berufung hin ausrichtet, also auf die Übernahme einer Rolle und einer Aufgabe in den zwischenmenschlichen Beziehungen.

Der Geschlechtsunterschied

Der Geschlechtsunterschied offenbart in erster Linie die Grenze und die strukturelle Abhängigkeit eines jeden Menschen. Jeder Mensch verwirklicht nur teilweise die Menschheit und hat den anderen stets vor Augen, der sich im Geschlecht von ihm unterscheidet und der gewissermaßen unerreichbar ist. Er erfährt also am eigenen Leib eine Unerfülltheit, eine Begrenztheit, eine Leere. Angesichts der Welt der Natur fühlt der Mensch sich einsam: Er spürt die Unmöglichkeit, die eigene Begrenztheit durch Dinge auszugleichen, und hat das Bedürfnis, zu jemandem in Beziehung zu treten. Die ersten Kapitel des Buches Genesis erläuternd, spricht Johannes Paul II. von einer „ursprünglichen Einsamkeit" des Menschen. Der Umstand seiner Geschöpflichkeit bringt ihm die Abhängigkeit von Gott zu Bewußtsein und gleichzeitig die Notwendigkeit, eine Beziehung herzustellen zu einer Person des anderen Geschlechts, von der er sich auf geheimnisvolle Weise angezogen fühlt. Der Geschlechtsunterschied bedeutet gleichzeitig Anziehung und Komplementarität.

Angesichts der Person des anderen Geschlechts entdeckt der Mensch staunend, daß der Unterschied auch ein *Gut* ist: Er ist die Verheißung einer Erfüllung in der Beziehung. Die Einsamkeit wird so zum Warten auf Gemeinschaft. Johannes Paul II. sagt,

„daß der Mensch allein nicht existieren kann (vgl. Gen 2,18); er kann nur als ‚Einheit von zweien‘, in Beziehung also zu einer anderen menschlichen Person, existieren".[7] Die in den Leib eingeschriebene Sexualität lädt zur *Reziprozität* in der Gemeinschaft ein. Ihre Voraussetzungen sind Gleichheit und Unterschiedlichkeit: Gleichheit in der gemeinsamen menschlichen Natur und in der Würde der Person, aber auch unauslöschliche Unterschiedlichkeit. Lange bevor der Mensch irgendeine Entscheidung trifft oder irgendeine Beeinflussung durch das soziale Umfeld erfährt, ist der Mann schon auf die Frau ausgerichtet und die Frau auf den Mann. Das Phänomen der Erotik ist also keine irrationale, abgeleitete Variante des rationalen Denkens: Die Liebe kommt nicht vom Ich, sondern sie geht ihm voraus. Erst durch die Liebe kommt das Ich zum Ich, im ursprünglichen Streben nach dem anderen.

Die Unterschiedlichkeit von Mann und Frau, Zeichen ihrer geschöpflichen Begrenztheit, ist in Wirklichkeit die Grundlage einer *Reziprozität*. Das spezifische Geschlechtsmerkmal zeigt also die Form der Hingabe an, zu der die jeweilige Person berufen ist, ihre Berufung und den Platz, den sie in der Beziehung zu den anderen einnehmen soll. Gerade in ihrem Geschlechtsunterschied entdecken der Mann und die Frau, daß sie dazu bestimmt sind, in der Einheit mit der jeweils andersgeschlechtlichen Person ihre Erfüllung zu finden. Die Sexualität macht Gemeinschaft möglich. Sie vermischt die beiden personalen Identitäten nicht miteinander und hebt sie nicht auf, sondern richtet sie aus auf die Öffnung, auf die Gemeinschaft, auf ein Herausgehen aus sich selbst, um eine bereichernde Beziehung aufzubauen. Die Sexualität offenbart also der Person etwas Wesentliches: Sie existiert nicht für die Einsamkeit, sondern für die Begegnung. „Es ist nicht gut, daß der Mensch allein bleibt. Ich will ihm eine Hilfe machen, die ihm entspricht" (Gen 2,18). Gleichzeitig verlangt die personale Ebene der Sexualität, daß diese Ausdruck einer echten Selbsthingabe ist, in gemeinschaftlicher Reziprozität.

Jetzt können wir verstehen, was der Ausdruck bedeutet, den Papst Johannes Paul II. in seinen Katechesen gebraucht, um die Wahrheit der menschlichen Sexualität im Schöpfungsplan Gottes aufzuzeigen: Er spricht vom *bräutlichen Sinn des Leibes*. Der Mensch – ein Geschöpf Gottes, von Gott aus Liebe gewollt – ist ein Wesen, das sich selbst gegeben und gleichzeitig zur Selbsthingabe berufen ist. „Der Mensch, der auf Erden die einzige von Gott um ihrer selbst willen gewollte Kreatur ist, kann sich selbst nur durch die aufrichtige Hingabe seiner selbst vollkommen finden".[8] Diese Berufung zur aufrichtigen Selbsthingabe gilt der Person in ihrer Ganzheit, mit Leib und Seele. Im Leib wird diese Urwahrheit bezeugt und zum Ausdruck gebracht. In diesem Sinne ist der Leib das „Ursakrament" der Schöpfung:[9] Zeugnis des Geschenks der Schöpfung und Aufruf zur Selbsthingabe. Der Leib ist Aufruf zur Liebe als Selbsthingabe: Das bedeutet der Ausdruck „bräutlicher Sinn des Leibes". Über die rein leibliche Ebene der Sexualität hinaus und eben durch diese Ebene ist die volle Wahrheit des Leibes die Hingabe der Personen. Die Sprache des Leibes ist also nicht willkürlich: Sie besitzt ein objektives Wahrheitskriterium. *Die Sprache des Leibes ist Sprache der Hingabe der Personen (und muß es sein)*. Nur so ist sie wahr, andernfalls verkommt sie zur Lüge.

Wenn wir jetzt nach dem tiefsten Grund dieser Realität der Person als Geschenk fragen, müssen wir zum Ursprung eines jeden von uns zurückkehren. Am Ursprung, „im Anfang", an jenem Ursprung, der nicht nur reine Vergangenheit ist, sondern auch weiterhin bestehenbleibt, steht der Schöpfungsakt Gottes: Am Anfang steht Gott, der mich schafft. Und dieser Akt ist seinem Wesen nach ein Akt der frei geschenkten Liebe. Wir sind also „für die Hingabe gemacht", weil wir von einem Geschenk stammen, weil wir nach dem Abbild dieses Gottes geschaffen sind, der die Liebe ist. Aus Liebe gewollt, verwirklichen wir uns in der Liebe, in unserer Selbsthingabe: Das ist der Stoff, aus dem unser Sein gemacht ist und der auch in unseren Leib eingeschrieben ist. Die menschliche Liebe zwischen Mann und Frau ist also Sakrament (sichtbares Zeichen) der göttlichen Liebe.

Die genitale Ebene der Sexualität

Die *Genitalität* ist das sinnlich wahrnehmbare Merkmal der Sexualität und der männlichen und der weiblichen Form des Menschen. Die Sexualität, die auf der Ebene der ganzen Person liegt, erschöpft sich nicht in der Genitalität, aber diese liegt dem Geschlechtsunterschied zugrunde und ermöglicht die eheliche Vereinigung. Die Ordnung, in der die verschiedenen Ebenen hier aufgezeigt wurden, ist axiologischer Natur: Sie bringt die Werteskala zum Ausdruck, in die sich die einzelnen Elemente in ihrer Vielschichtigkeit harmonisch einordnen müssen. An erster Stelle steht der Wert der Person, dann folgt der Wert ihrer Leiblichkeit, die die sichtbare Verwirklichung der Person ist, darauf der Wert der Sexualität, in der die Berufung zur Reziprozität offenbar wird. Zuletzt folgt der Wert der Genitalität, die die sexuelle Reziprozität in die besondere Form der Ehe überträgt. Aus dem Primat der Person folgt, daß die untergeordneten Ebenen solange einen Wert besitzen, wie sie die Würde der Person zum Ausdruck bringen, ihre ursprüngliche Berufung zur Gemeinschaft. Andererseits werden diese Würde und diese Berufung nicht „trotz" der Leiblichkeit, der Sexualität und der Genitalität verwirklicht, sondern gerade durch diese.

Die Bedeutung des unauslöschlichen Unterschiedes, der in die Sexualität eingeschrieben ist

Der Geschlechtsunterschied ist also das Zeichen der Geschöpflichkeit und der Endlichkeit des Menschen: „Kein Mensch an sich ist jemals in der Lage, von allein das ganze Menschsein auszuschöpfen: Er hat immer die andere als seine eigene Möglichkeit vor Augen, Mensch zu sein".[10] Gleichzeitig ist er eine Einladung zur Begegnung und zur Gemeinschaft und somit im eigentlichen Sinne eine Berufung. Der Geschlechtsunterschied schafft also eine Polarität zwischen Mann und Frau, die diese auf eine Reziprozität hin ausrichtet, wobei jedoch die Unterschiedlichkeit niemals aufgehoben werden kann. Hier tritt noch eine weitere grundlegende Eigenschaft der Sexualität zutage. Die sexuelle Reziprozität ist niemals ganzheitliche Komplementarität, sondern sie läßt stets eine unheilbare Wunde offen: eine Asymmetrie, Zeugnis und Überrest jenes ontologischen Unterschiedes, der die kontingenten Wesen gegenüber dem ewigen Sein, an dem sie Anteil haben, kennzeichnet. Die Anmaßung, den Unterschied zu überwinden, kann nur eine tragische Illusion sein. Immer wieder macht man die schmerzliche Erfahrung eines Mangels, eines Zuwenig, angesichts der Tatsache, daß wir über den anderen nicht verfügen können und daß es uns strukturell unmöglich ist, den Unterschied zu ihm zu überwinden. Das Verlangen wird niemals vollkommene Erfüllung finden, wird niemals gestillt werden.

Wenn die vollkommene Erfüllung im Einswerden mit dem anderen nicht möglich ist, dann setzt gerade hier die Dynamik wieder ein. Jetzt führt die Sexualität jedoch zu einer neuen Form der Öffnung: Sie verweist auf eine Erfüllung, die jenseits des sich liebenden Paares liegt. Von ihrem Wesen her ist die Liebe darauf ausgerichtet, Früchte zu tragen, die über sie selbst hinausgehen. Um sich nicht in sich selbst zurückzuziehen und schließlich zu verschwinden, muß sie sich zur Fruchtbarkeit hin öffnen, und deren deutlichster Aspekt ist die Fortpflanzung. Die Hinordnung auf die Fortpflanzung wird also nicht von außen oder nur unter biologischem Gesichtspunkt der sexuellen Vereinigung hinzugefügt, sondern sie ist ihre Erfüllung. Die Vereinigung in der Liebe ist stets fruchtbar, und die Fruchtbarkeit des Leibes, der sich in der sexuellen Begegnung zur Fortpflanzung hin öffnet, ist das Zeichen der geistlichen Fruchtbarkeit der ehelichen Liebesbegegnung: „zwei Wesen sind eins, und wenn sie eins sind, werden sie drei".[11]

Die Nachkommenschaft ist die Krönung der ehelichen Liebe.[12] Dies ist unabhängig von der Öffnung zur Fruchtbarkeit hin nicht denkbar, denn sonst zieht man sich in einer illusorischen Anmaßung der Selbstverwirklichung in sich selbst zurück. Die Transzendenz der Sexualität auf eine höhere Ebene und die Anwesenheit dieses geheimnisvollen dritten Faktors in ihrem Innern werden durch das Kind verkörpert. Von Balthasar sagt über die Untrennbarkeit der beiden Ebenen der Sexualität, daß „der Akt der Vereinigung zweier Personen in einem Fleische und das Ergebnis dieser Einigung: das Kind, mit Überspringung des Zeitzustandes zusammengesehen werden müßten".[13]

Das Kind ist also gleichsam das lebendige Sakrament der verwirklichten Liebe, das sichtbare Zeichen der unsichtbaren Realität der ehelichen Liebe. Gleichzeitig jedoch ist das Kind nicht etwas, das dem Paar „zusteht", sondern es ist immer eine Überraschung. Die Geburt des Kindes kann niemals die geplante Produktion des Exemplars einer Spezies darstellen,[14] sondern sie muß die Annahme einer einzigartigen und unwiederholbaren Person sein. Wenn dies der Fall ist, dann ist sie gekennzeichnet vom Staunen über ein frei gegebenes Geschenk, das größer ist als die beiden Eheleute: „Ich habe einen Mann vom Herrn erworben", sagt Eva (Gen 4,1). Eben weil die Fruchtbarkeit einen Menschen hervorbringt, wird sie als Segen des Himmels empfunden: Man spürt, daß die menschliche Liebe Teil eines größeren Planes ist und daß sie von Gott gesegnet wird.

Der Geschlechtsunterschied hat also eine Bedeutung, die die bloße Leiblichkeit übersteigt: Er liegt auf ontologischer Ebene, bevor er die physiologische Ebene erreicht; er gehört in erster Linie zur Seele und erst dann zum Leib. Seine endgültige Erklärung findet er in der Schöpfungslogik, in der Beziehung zwischen Gott und der Welt, die von Gott herkommt, im bräutlichen Bund Christi mit seiner Kirche und in der Analogie zum dreifaltigen Leben in Gott selbst.

3. Die Erlösung der menschlichen Liebe in Christus

Vertiefen wir unseren theologischen Blick auf die Sexualität und geben ihm gleichzeitig einen stärkeren Bezug zur Realität der Schwäche des Mannes und der Frau in ihrer historischen Bedingtheit. Wenn wir das Buch Genesis aufmerksam lesen, dann sehen wir, daß die Sexualität und die Genitalität, die die Leiblichkeit des Menschen mitbezeichnen und sie zur Fruchtbarkeit und Fortpflanzung hin öffnen, voll und ganz zum Plan Gottes gehören. Es gibt also eine tiefverwurzelte, ursprüngliche Gutheit der Sexualität. Auch hier „sah Gott, daß es sehr gut war". Die tiefe Bedeutung der Sexualität als Berufung, die personale Gemeinschaft in der körperlichen Vereinigung innerhalb der Ehe zu verwirklichen, kann auf theologischer Ebene erfaßt werden. Wenn die Sexualität zum geschaffenen Ebenbild Gottes gehört, dann drückt sich in der Dimension des Bräutlichen einerseits die Erinnerung daran aus, daß sie dem freien Geschenk Gottes entspringt, der die Liebe ist, und andererseits eine Analogie zur Gemeinschaft des dreifaltigen Lebens.[15] In der Selbsthingabe und in der gegenseitigen Annahme, die offen ist dem Leben gegenüber, sind Mann und Frau berufen, die Gemeinschaft der Liebe widerzuspiegeln, die in Gott ist. Gerade in den Akt der leiblichen personalen Hingabe wurde die Quelle des Lebens gelegt. Sie beteiligen sich an Gottes Schöpfungswerk *(creatio)*, indem sie im Leib sein Abbild hervorbringen (Fortpflanzung = *procreatio)*: Geschenk aus der Hingabe. Das Leben, das aus der menschlichen Liebe entsteht, ist Zeichen und Abbild der göttlichen Liebe. Es ist von Gott gewollt, daß die Art und Weise, in der das Leben aus der ehelichen Vereinigung entsteht, in Analogie steht zu seinem Geheimnis der Gemeinschaft, aus der jedes menschliche Geschöpf hervorgeht.

Unsere Darlegung wäre weder theologisch noch anthropologisch (vom Gesichtspunkt der menschlichen Erfahrung der Sexualität her) vollständig, wenn wir nicht über die Erlösungsbedürftigkeit der menschlichen Liebe sprächen. Auch die menschliche Liebe trägt die Zeichen einer Unordnung, infolge des Sündenfalls. Die Sünde ist der Bruch des Bundes mit Gott, dem Schöpfer. Dieser Bruch verletzt den Mensch im Innersten. Indem er sich anmaßt, unabhängig zu sein, und es ablehnt, die Erfüllung seines Seins als Gabe von Gott zu empfangen, verdunkelt der Mensch in sich das geschaffene Ebenbild Gottes. Er verliert die Fähigkeit, sich hinzuschenken und den anderen als Geschenk anzunehmen. Er ist wie ein Kind, das ohne die Gewißheit der elterlichen Liebe aufgewachsen ist, daher den anderen nicht mehr vertraut und eben aufgrund seiner Unsicherheit gewalttätig wird. In der Tradition der Kirche heißt diese tiefgreifende Unordnung, die seit dem Sündenfall im Herzen des Menschen ist, *Konkupiszenz*: der Wunsch, sich in sich selbst zurückzuziehen, statt sich dem anderen gegenüber zu öffnen. Daraus entsteht eine Disharmonie zwischen den verschiedenen Ebenen der Person, zwischen dem niederen Strebevermögen und dem Willen. Sie führt dazu, daß die Dynamiken des Instinkts und der Affektivität sich nicht mehr in natürlicher Übereinstimmung mit der Person und ihrer Berufung zur Gemeinschaft befinden.

Dieser Stolz und diese Schwäche bringen eine Neigung zum Bösen hervor, führen zu einer Beziehung mit dem anderen, die diesen nicht mehr in seiner Wahrheit und Würde als Person anerkennt. Die andere Person ist kein Subjekt mehr, dem man sich hinschenkt und das man annimmt, sondern ein Objekt, von dem man Besitz ergreift, um den Trieb zu befriedigen. Der Blick geht nur auf den Leib und seine Geschlechtsmerkmale, um ihn zu besitzen, und geht nicht weiter zur Person, deren Zeichen jener Leib ist – das Schamgefühl ist also der natürliche Schutz eines wertvolles Gutes, das man einer Bedrohung ausgesetzt sieht. Von der „Selbsthingabe" an den anderen geht man über zum „Gebrauch des anderen" für sich selbst und für das eigene Lustempfinden. Die Sexualität wandelt sich leicht von einer Gemeinschaftsstruktur zu einer Herrschaftsstruktur (vgl. Gen 3,16). Der Mensch verliert sozusagen die natürliche Fähigkeit, sich durch den Leib hinzuschenken und den anderen anzunehmen. Der bräutliche Sinn des Leibes trübt sich, wird blind für die personale Gemeinschaft. Die Versuchung, der man durch die Konkupiszenz ausgesetzt wird, ist die, die Sexualität unabhängig zu machen von der Person. In Christus ist uns jedoch die Möglichkeit der Erlösung geschenkt, können wir *die Fähigkeit zur Hingabe und zur Annahme wiederfinden*. Auch die eheliche Liebe ist aufgerufen, wieder zu sich selbst zu finden durch die Einfügung in Christus und die Beziehung zu ihm, durch das Geschenk der Gnade.

Die Erlösung der menschlichen Liebe geschieht vor allem durch die Offenbarung der Liebe Gottes in Christus, als bräutliche Liebe zu seinem Volk. Bereits im Alten Testament identifiziert sich Jahwe, um die Beziehung zu Israel, seinem auserwählten Volk, zu beschreiben, mit dem Bräutigam, der seine Braut liebt, auch wenn diese untreu ist (Hos 2,16–3,1). Gott liebt Israel trotz des Treuebruchs des Volkes mit der Liebe eines Bräutigams. Er bleibt seinem Versprechen treu, und seine Treue übersteigt jedes Vermögen der menschlichen Liebe, ihr zu entsprechen. Wenn Gott das Bild der menschlichen Liebe gebraucht, um seine Liebe zum auserwählten Volk zu beschreiben, dann bedeutet dies, daß die menschliche Liebe auch nach dem Sündenfall eine ihr eigene Gutheit und Ausdrucksfähigkeit bewahrt hat, auch wenn sie durch die Sünde, die sich in der Untreue zeigt, verletzt ist. Mehr noch: Die bräutliche Liebe Gottes geht der bräutlichen Beziehung des Menschen voraus und ist ihr Vorbild. Die bräutliche Dimension des Menschen ist der Widerschein der bräutlichen Liebe Gottes zur Menschheit.

Das ist noch stärker der Fall, als der Bräutigam erscheint: Jesus Christus (vgl. Joh 3,29; Mt 9,15). Er offenbart den Höhepunkt der bräutlichen Liebe und der Fruchtbarkeit in der Beziehung zur Kirche, seiner Braut (Eph 5,22–23): Dies ist die höchste

Offenbarung der Liebe und zugleich der analogischen Bedeutung des Geschlechtsunterschieds. In der Menschwerdung nimmt Christus einen Leib an und lebt sein Leben im Leib als Brautgeschenk an die Menschheit. Er ist der Bräutigam, über dessen Stimme die Freunde – wie Johannes der Täufer – sich freuen; seine Anwesenheit ist ein Fest, das das Fasten unmöglich macht. Der Höhepunkt dieses Brautgeschenks Christi an die Menschheit geschieht am Kreuz, wo der Leib hingegeben wird für die personale Gemeinschaft, wo der Bräutigam endgültig die Ehe mit der Menschheit vollzieht: Er schenkt sich ihr genau in dem Moment in Treue hin, als die untreue Braut ihn zurückweist und ihn in den Tod schickt. So offenbart er eine Liebe, die größer ist als jede Zurückweisung, treuer als jede Untreue, stärker als jede Sünde. Am Kreuz vergießt Christus aus seinem hingegebenen Leib „Blut und Wasser", Symbole der Sakramente, aus denen die Kirche hervorgeht. Die Liebe des Bräutigams hat die vorherige Treue der Braut nicht mehr nötig, weil seine Hingabe ihre Treue und die Liebe hervorbringt. Eine altehrwürdige griechische Ikone zeigt Christus am Kreuz als *„ho numphýos"* – den Bräutigam. Und die Kirchenväter sahen in Christus, der am Kreuz gestorben war, den neuen Adam, aus dessen durchbohrter Seite Gott die neue Eva hervorzieht: die Kirche, seine Braut.[16]

Das Sakrament des Neuen Bundes:
Eucharistie und Ehe

In Christus wird also nicht nur der bräutliche Sinn des Leibes durch die völlige Offenbarung der Liebe vollkommen offenbar („Es gibt keine größere Liebe, als wenn einer sein Leben für seine Freunde hingibt": Joh 15,13), sondern in ihm haben wir vor allem an dieser Liebe Anteil, findet die menschliche Liebe Erlösung. Die Jünger empfangen vom gekreuzigten Bräutigam die Kraft des Heiligen Geistes für ihre Treue.

Daraus entsteht die enge Verbindung zwischen *Eucharistie und Ehe* in der Theologie des Leibes, von der wir ausgegangen sind und die wir jetzt in vollerem Licht begreifen können. Die Selbsthingabe Christi, der gleichzeitig alle Menschen in sich aufnimmt, um sie zum Vater zu bringen, ist so vollkommen, so absolut, daß sie in der Eucharistie unendlich oft gebrochen werden kann.

Die bräutliche Fähigkeit zur völligen und fruchtbaren, treuen und schöpferischen Selbsthingabe hat ihren Ursprung am Kreuz Christi, in seinem Leib als Bräutigam: „Nehmet und esset: Das ist mein Leib, der für euch hingegeben wird. Tut dies zu meinem Gedächtnis." So wird die Ehe zum *Sakrament,* in einem neuen und unvergleichlich volleren Sinn als dem geschöpflichen. Sie ist nicht mehr nur das natürliche Sakrament der Liebe Gottes, des Schöpfers, sondern sie ist nun auch das wirksame Zeichen der Liebe Christi zu seiner Braut, der Kirche. Dies ist ein tiefes Geheimnis (Eph 5). Auch das Fallen, die Sünde, die Untreue werden in die Barmherzigkeit und in die Vergebung hineingenommen. Durch die Kirche in die erlösende Liebe Christi eingebettet kann die menschliche Liebe Erfüllung finden, und die Fähigkeit zur Selbsthingabe und zur Annahme des anderen kann verwandelt und zur Vollkommenheit gebracht werden.

Die ursprüngliche Liebe ist also die Liebe Christi zur Kirche: In dieser Liebe muß die menschliche Ehe ihre Wurzeln haben, und nach ihrem Vorbild muß sie geformt werden. Die Ehe ist also das Herzstück des Geheimnisses der Kirche, und die Kirche ist das Herzstück der Ehe. „Familie" zu sein, verheirateter Mann und verheiratete Frau zu sein, ist kein äußerer Zusatz zum Christsein: Es ist eine Form der Berufung, durch die in der Welt das Geheimnis der von Christus geliebten Kirche zum Ausdruck gebracht wird. Auf dem Hintergrund der grundlegenden Abhängigkeit vom Vater als Geschöpfe und Kinder gibt die Ehe, das Zeichen des Bundes, auch dem Geschlechtsunterschied eine neue Bedeutung. Mann und Frau sind berufen, den

Geschlechtsunterschied als Zeichen zu leben – als Zeichen für die Liebe Christi und für die Hingabe der Kirche. Die Erlösung geschieht jedoch nicht von selbst. Sie ist frei, sie ist ein Weg in der Geschichte, der durch das Kreuz hindurchgeht: das Kreuz Christi, das unser Kreuz möglich macht und es in einen Weg verwandelt, der zur Erlösung führt. Der Christ entdeckt, daß er ein Sünder ist, er sieht seine Sünde jeden Tag in vielen Bereichen des menschlichen Lebens, auch im Bereich der Sexualität. Dennoch darf er auf die Sexualität nicht mit Mißtrauen oder Mißbilligung schauen, darf sie nicht als Gefahren- oder Sündenquelle betrachten, sondern er muß sie als Weg betrachten, der in der Gemeinschaft mit Christus seine Würde zurückerhält, so daß er eine Gnade sein kann. In dieser Hinsicht verlangt die Lehre Jesu sicherlich sehr viel: Sie fordert absolute Treue (ohne Möglichkeit der Ehescheidung), Reinheit nicht nur im Handeln, sondern sogar in den tiefsten Wünschen des Herzens, Reinheit des Blicks. Aber diese Forderung will den Sünder nicht verurteilen oder ihn durch ein Ideal, das mit menschlichen Kräften unerreichbar ist, entmutigen. Im Gegenteil, sie soll ihm die Größe seiner Berufung zu Bewußtsein bringen und ihm durch die Gnade die Möglichkeit geben, sich auf den Weg zu machen.

Die Ehelosigkeit um des Himmelreiches willen

Ein letzter Gedanke soll diese kurze Abhandlung zur Theologie des Leibes vervollständigen. Der Leib Christi, der am Kreuz geopfert wurde, ersteht wieder auf. Die Auferstehung Christi ist die Erstlingsfrucht der leiblichen Auferstehung: Sie ist der volle Durchbruch der geistlichen Person mittels der Gabe eines geistlichen Leibes. Der Leib ist der geistlichen Ebene völlig untergeordnet: Er wird zum gefügigen und vollkommenen Ausdruck der Person in ihrer Wahrheit des Für-die-Hingabe-Seins. In dieser neuen endzeitlichen Dimension wird der bräutliche Sinn des Leibes vollkommen verwirklicht sein. In der leiblichen Auferstehung kann das, was im Menschen die Person ausmacht, vollkommen umgesetzt werden: eine Fähigkeit zur Gemeinschaft ohne zeitliche und räumliche Grenzen. Daher sind die beiden Glaubenswahrheiten „Auferstehung der Leiber" und „Gemeinschaft der Heiligen" im Credo so eng miteinander verbunden. Wie Johannes Paul II. in seinen Katechesen sagt, wird die endzeitliche Wirklichkeit die vollkommene Verwirklichung der trinitarischen Ordnung in der geschaffenen Welt der Personen sein: Die Personen werden das Abbild Gottes in der Selbsthingabe offenbaren.[17]

An das Gesagte anknüpfend, können wir jetzt schließen: Im Licht des „Anfangs" erschienen Männlichkeit und Weiblichkeit als Zeichen des bräutlichen Sinnes des Leibes. Die Umsetzung dieses bräutlichen Sinnes auf der Ebene des Zeichens war die Ehe. Im Licht des „Endes" wird ein entscheidender Unterschied sichtbar: Der bräutliche Sinn des Leibes bleibt auch in der endzeitlichen Auferstehung erhalten, aber seine Umsetzung in der Ehe, die ein Zeichen ist, das dieser vergänglichen Welt angehört, wird ein Ende haben. In der anderen Welt macht das Zeichen der Wirklichkeit Platz. In jener Welt „werden die Menschen nicht mehr heiraten, sondern sein wie die Engel im Himmel" (Mt 22,24–30), in vollkommener Gemeinschaft miteinander.

So wird auch der Sinn der *geweihten Jungfräulichkeit* um des Himmelreiches willen deutlich. Die Erlösung des Leibes auf den Endzustand hin beginnt bereits hier, auch wenn sie erst am Ende vollkommen sein wird. Das Zeichen, daß die Erlösung des Leibes schon jetzt beginnt, ist das Charisma (die einigen Menschen gewährte Gabe) der Jungfräulichkeit um des Himmelreiches willen. Sie dürfen durch das Einwirken des Heiligen Geistes und im Hinblick auf einen prophetischen Dienst in der Kirche die Nähe des Bräutigams auf so unmittelbare Weise wahrnehmen, daß sie die bräutliche Dimension nicht mehr im irdischen Zeichen der Ehe leben, sondern in der geheimnisvollen Unmittelbarkeit der Jungfräulichkeit. Ihre Einsamkeit ist für den Bräutigam, weil er anwesend ist. Sie warten, aber nur auf ihn. Sie schenken sich hin, aber in ihm. Und so beginnen sie, in ihm die universale Dimension der Hingabe zu leben. Kreuz und Auferstehung erreichen in der Jungfräulichkeit ihren Höhepunkt.

Diese ist nicht Verzicht auf den bräutlichen Sinn des Leibes oder seine Verleugnung. Dieser Sinn gehört zu den bleibenden Werten der Schöpfung, die durch die Erlösung nicht zerstört werden. Auf die Liebe zu verzichten, würde bedeuten, auf das Menschsein zu verzichten. Sie ist vielmehr eine Umsetzung des bräutlichen Sinnes, die anders ist als die Umsetzung, die im Zeichen der Ehe geschieht. Sie nimmt den Endzustand voraus, im geheimnisvollen Zeichen eines Verzichts. Die geweihte Jungfräulichkeit verleugnet den Geschlechtsunterschied keineswegs, sondern ausgehend von ihrer jeweiligen Identität als Mann oder als Frau macht die geweihte Person ihre Grenze zu einer Gelegenheit, sich Gott gegenüber auf einzigartige Weise zu öffnen und den Menschen universale Liebe entgegenzubringen. So kann man auch die Komplementarität von Ehe und Jungfräulichkeit im Leben der Kirche verstehen. Die Jungfräulichkeit stellt objektiv in der Vereinigung mit Christus das endgültige Ideal der Liebe dar, auf das jede menschliche Liebe schauen muß. In Christus nämlich findet jede menschliche Liebe ihre Verwirklichung.

4. Schluß: Das Bild einer christlichen Sexualethik

An diesem Punkt läßt sich das vollständige Bild einer christlichen Sexualethik erfassen, und so können wir die Schlußfolgerungen aus dem Gesagten ziehen, vom erzieherischen Standpunkt her. Die christliche Sexualethik, die der Wahrheit des

Mannes und der Frau wirklich entspricht und die in der Lage ist, auf die Herausforderung der „sexuellen Revolution" eine Antwort zu geben, ist von zwei Extremen gleichermaßen weit entfernt: vom Rigorismus und von der Permissivität.[18] Sie öffnet den Weg zu einer vollen Anerkennung der Bedeutung des Geschlechtsunterschiedes als Möglichkeit zur personalen Gemeinschaft und zur Fruchtbarkeit.

Leitbild des *Rigorismus* ist eine „Liebe ohne Eros" oder auch ein „Ethos ohne Eros": Die Sexualität wird nur dadurch gerechtfertigt, daß sie auf die Fortpflanzung hin ausgerichtet ist. Das subjektive Element der Geschlechtslust oder der Affektivität wird mit Argwohn betrachtet und zum objektiven und einzig guten Ziel der Sexualität in Gegensatz gestellt. Der Rigorismus, der dem Leib und dem Geschlechtsunterschied mißtrauisch gegenübersteht, leugnet den positiven Wert der Einheit im Zeichen des Leibes. Diese Sichtweise ist nicht in der Lage, eine ausgewogene Betrachtung aller Aspekte der Sexualität vom existentiellen Gesichtspunkt her zu gewährleisten. Das Streben nach Lust, dessen positive Aspekte nicht verstanden werden, wird ins Unbewußte abgedrängt, und die Emotivität bleibt immer eine wandelnde Gefahr, vor der man stets Angst haben muß.

Diametral dazu steht die *Permissivität*, die andere Seite derselben Medaille. Hier ist das einzige Ziel der Sexualität das subjektive Lustempfinden, während die Fortpflanzung als nebensächliches Element betrachtet wird, das nur biologischer Natur ist und der „freien" Triebbefriedigung im Wege stehen kann. Die sexuelle Dimension wird nicht auf personalistische Ebene erhoben, sondern vom geistigen Aspekt, vom Innenleben des Menschen getrennt. Die Permissivität sucht das sexuelle Erlebnis nur zur persönlichen Lustbefriedigung. So verhindert sie, daß es sich zu einer dauerhaften Beziehung gegenseitiger Hingabe zwischen zwei Personen entwickelt. Sie durchtrennt die Kanäle, die die Sexualität mit der Familie und der Fortpflanzung verbinden. Ihr Leitbild ist ein „Eros ohne Ethos" oder auch ein „Eros ohne Liebe". Indem sie die Suche nach sexueller Lust von der persönlichen Hingabe und von der Fortpflanzung loslöst, fördert die Permissivität letztlich einen narzißtischen Rückzug des Subjekts in sich selbst und überschattet so den positiven Wert des Geschlechtsunterschiedes als Öffnung gegenüber der Person des anderen. Diese beiden Ansätze sind nur scheinbar gegensätzlich.

In Wirklichkeit laufen sie auf dasselbe hinaus: Sie gehen von der Annahme aus, daß es möglich sei, das Lustgefühl, das durch die Befriedigung des Instinkts hervorgerufen wird, die Gefühle und die Affektivität, die Fortpflanzung (die zum rein biologischen Aspekt verkürzt wird) und die Liebe zwischen den Personen voneinander zu trennen. Beide ziehen letzten Endes eine Loslösung der Sexualität von der Person und von der Liebe nach sich, eine Zersplitterung des hochzeitlichen Geheimnisses. Auf diesem Hintergrund ist der Geschlechtsunterschied ein nebensächlicher, nicht identitätgebender Faktor für die Person: Die Person ist nur Geist, und der Geschlechtsunterschied, der in den Leib eingeschrieben ist, wird nur als sekundärer Faktor betrachtet, den man leugnen oder willkürlich manipulieren kann.

Zum Abschluß unserer Reflexion können wir dagegen sagen, daß die christliche Position die Einheit der einzelnen Ebenen hervorhebt: der „Ethos" (also die Achtung und die Liebe gegenüber der Person als solcher, in der Annahme und in der Selbsthingabe) ist die reife Form des „Eros". „Ethos" und „Eros", weit davon entfernt, einander feindlich gegenüberzustehen, sind aufgerufen, einander zu begegnen und gemeinsam Frucht zu tragen. Gerade indem sich der „Eros" dem „Ethos" unterordnet, schützt und erhält er sich selbst. Die Tugend der Keuschheit verpflichtet zu einer echten Wertschätzung des Leibes und der Sexualität, die keine Unterdrückung und auch keine Vergötzung ist. Die christliche Ethik erinnert daran, daß der Schlüssel zum wahren Glück, auch zum sexuellen Glück, nicht im — verkürzt aufgefaßten — Leib liegt. Er liegt vielmehr in der

Ganzheit der Person, in die das Abbild Gottes eingeprägt ist. Sie ist dazu berufen, die Selbsthingabe und die Annahme des anderen zu leben und auch durch die Sexualität jene personale Gemeinschaft zum Ausdruck zu bringen, die uns der Vollkommenheit der Liebe im Leben der Allerheiligsten Dreifaltigkeit ähnlich macht.

Den Geschlechtsunterschied anzunehmen bedeutet, die eigene Geschöpflichkeit anzunehmen, in der Begrenztheit einen Weg zur Öffnung gegenüber dem anderen in einer Begegnung zu erkennen. Diese Begegnung kann niemals wahr sein, wenn sie die bleibende Distanz nicht akzeptiert und die Reziprozität nicht in den Kontext der Weitergabe des Lebens stellt – im Gehorsam gegenüber einem Plan, der gut ist und größer als wir selbst.

III. Die personalistische Bedeutung der menschlichen Geschlechtlichkeit und die Herausforderungen der antipersonalistischen Ideologie

Mehr als 25 Jahre nach der Veröffentlichung des Apostolischen Schreibens *Familiaris consortio* wird deutlich, welchen prophetischen Wert es besitzt und welch großen Antrieb es der katholischen Moraltheologie verliehen hat. Wenn wir in diesem Zusammenhang von „prophetischem Wert" sprechen, dann ist damit nicht nur sein zukunftweisender Aspekt gemeint, sondern auch sein kritisches Urteil über den Nihilismus, in den die Kultur abdriftet, wenn sie die Wahrheit über Ehe und Familie verleugnet, die Johannes Paul II. im Namen der Kirche bezeugt hat. Angesichts des gesellschaftlichen Wandels und der Entwicklung des Denkens in diesen 25 Jahren kann man natürlich weder behaupten, daß besonders die westliche Zivilisation diesen prophetischen Mahnruf ernst genommen, noch daß die katholische Moraltheologie ihn im großen und ganzen wirklich verstanden, angenommen und vertieft hätte. Dennoch ist in diesen Jahren deutlich geworden, daß „die Zukunft der Menschheit über die Familie geht" (vgl. *Familiaris consortio*, Nr. 86) und daß nur die Denkansätze in der Theorie und in der Seelsorge Früchte tragen, die den ganzen Plan Gottes über die menschliche Liebe, die Ehe und die Familie annehmen. Das päpstliche Dokument trifft nämlich einen neuralgischen Punkt, der heute ebenso entscheidend ist wie gestern: Es ist nicht übertrieben zu sagen, daß die Frage nach der Bedeutung der Geschlechtlichkeit und der Weitergabe des Lebens der Punkt ist, an dem verschiedene Anthropologien sich deutlich voneinander abheben. Und diese Anthropologien treffen dort aufeinander, wo sich die Zukunft der Menschheit entscheidet.

Wir werden dieses Thema in drei Schritten abhandeln. Zunächst werden wir die Morallehre des Apostolischen Schreibens zusammenfassend darlegen und ihren personalistischen Wert aufzeigen. Im zweiten Schritt werden die immer radikaleren Herausforderungen analysiert werden, die von der antipersonalistischen Ideologie ausgehen. Sie konnte manchmal sogar in das Denken einiger katholischer Theologen eindringen und dieses beeinflussen. Im dritten Schritt schließlich werden wir zeigen, daß das theologische Denken, das *Familiaris consortio* positiv verarbeitet hat, innerhalb der letzten 25 Jahre dessen Vorgaben weiterentwickeln konnte. So hat es uns nicht nur eine Antwort geschenkt, die den ideologischen Herausforderungen angemessen ist, sondern auch eine anthropologische und moralische Perspektive, die für die Zukunft sehr vielversprechend ist.

1. Die Morallehre des Apostolischen Schreibens Familiaris consortio

In seinem Schreiben an Kardinal Alfonso Lopez Trujillo anläßlich des 20. Jahrestages von *Familiaris consortio* hat Johannes Paul II. den darin enthaltenen Appell noch einmal aufgegriffen, der ein so großes Echo in der Öffentlichkeit ausgelöst hatte: „Familie, werde, was du bist!" *(Familiaris consortio,* Nr. 17). Als natürliche, vom „Anfang" an von Gott gewollte Institution, ist die auf den unauflöslichen Ehebund zwischen Mann und Frau gründende Familie berufen, eine echte Gemeinschaft von Personen zu sein, die im Dienst des Lebens steht. Der ethische Appell („werde") hat seine Wurzeln in einem vorher gegebenen Geschenk („was du bist"): Der moralische Anspruch gründet also auf dem Sein in seinem dynamischen Streben nach Erfüllung. Gott hat die Welt nicht „vollkommen" erschaffen, sondern er ruft die Menschen zur Mitarbeit an seinem Plan, damit sie durch den unverzichtbaren Beitrag ihrer Freiheit die Welt vollenden. Hier kommt eine Auffassung der Moralität zum Ausdruck – sie wurde später in der Enzyklika *Veritatis splendor*[1] weiterentwickelt –, der zufolge die moralischen Normen weder Ausdruck eines willkürlichen gesetzgeberischen Willens (Legalismus), noch das Ergebnis eines Abwägens von Vor- und Nachteilen (Konsequenzialismus) sind. Es sind vielmehr Forderungen, die der Wahrheit über das Wohl des Menschen entspringen, Anweisungen für einen Weg zum Glück, den Gott bereits bei der Schöpfung ins menschliche Herz eingeschrieben hat. Es handelt sich um eine im Sein verwurzelte Wahrheit und gleichzeitig um eine Berufung: eine Wahrheit, die zu ihrer Verwirklichung der konkreten Antwort des Menschen, seiner freien Zustimmung bedarf.

Was also ist die Familie berufen zu sein? Hier berühren wir den Kernpunkt der Morallehre des Apostolischen Schreibens *Familiaris consortio*. Kurz gesagt geht es darum, die personale Würde der menschlichen Sexualität und den inneren Zusammenhang zwischen der ehelichen Liebe und dem Leben zu unterstreichen. Die Familie ist berufen, eine wirkliche Gemeinschaft von Personen zu werden, die im Dienst des Lebens steht. Das Nachsynodale Apostolische Schreiben Johannes Pauls II. *Familiaris consortio* hat die Lehre der Enzyklika Pauls VI. *Humanae vitae* in einer personalistischen Linie weiterentwickelt und Rückschlüsse aus ihr gezogen. Dabei wurde die Lehre der Mittwochskatechesen über die menschliche Liebe im göttlichen Heilsplan zusammenfassend einbezogen, die zu den ureigensten Höhepunkten des Lehramtes Johannes Pauls II. gehören.

Der personalistische Wert der menschlichen Geschlechtlichkeit

Zum besseren Verständnis von *Familiaris consortio* muß zunächst auf die Unzulänglichkeit der rein naturalistischen und funktionalistischen Sicht der Geschlechtlichkeit, wie sie in der katholischen Theologie vor dem Zweiten Vatikanischen Konzil allgemein üblich war, hingewiesen werden. Die Geschlechtlichkeit wurde als Funktion aufgefaßt, die auf den biologischen Zweck der Zeugung von Kindern ausgerichtet ist. Sie galt also nur im Hinblick auf die Zeugung und auf die Pflicht zur Erhaltung des Menschengeschlechts als moralisch gerechtfertigt.

Dieses traditionelle Verständnis der Sexualität war den Herausforderung der sogenannten „sexuellen Revolution",[2] die sich seit Mitte der 1960er Jahre in der westlichen Welt verbreitete und die Art und Weise, die Sexualität zu leben, erschütterte, nicht gewachsen. Diese Bewegung zielte bewußt darauf ab, die menschliche Geschlechtlichkeit von der Institution der Ehe und von zukünftiger Elternschaft zu trennen. Durch die Einführung der Verhütungsmittel wurde die Geschlechtlichkeit von der Zeugung getrennt und konnte auch außerhalb der Ehe und außerhalb fester Liebesbeziehungen gelebt werden. Die Befriedigung persönlicher Lust wurde so zu ihrem ausschließlichen Ziel. Auch hier geschieht im Grunde eine Ent-Personalisierung der Geschlechtlichkeit. Diese ist nicht mehr Ausdruck einer ganzheitlichen Verpflichtung zwischen zwei Personen, sondern nur eine körperliche Vereinigung, ein Streben nach physischer Lust. Die Forderung nach einer Geschlechtlichkeit ohne Zeugung ging bald über in die Forderung nach Zeugung durch künstliche Befruchtung, unabhängig von der Geschlechtlichkeit. *From sex without babies to babies without sex:* So lautet der einschlägige Titel eines zeitgenössischen englischen Buches. Die Geschlechtlichkeit ist nur eine Frage der Lust, die jede Verantwortung ausklammert, und die Zeugung von Kindern ist nur noch eine ernsthafte Entscheidung, die ein sorgfältiges Abwägen voraussetzt und die unter Umständen auch durch technische Mittel herbeigeführt werden kann.

Angesichts dieser zweifachen Herausforderung hebt das Apostolische Schreiben *Familiaris consortio* die personalistische

Bedeutung der menschlichen Geschlechtlichkeit und die ihr innewohnende enge Verbindung mit der Zeugung hervor. Sie ist aufgerufen, jene einzigartige Form personaler Gemeinschaft zwischen Mann und Frau zum Ausdruck zu bringen, deren angemessener Rahmen die eheliche Hingabe und die Offenheit gegenüber dem Geschenk von Kindern ist. Um diese Grundidee zu verstehen, wollen wir hier noch einmal kurz unter neuen Gesichtspunkten einige ihrer Voraussetzungen aufzeigen, die wir bereits im vorigen Kapitel erwähnt haben.

Vor allem kommt hier jene einheitliche Anthropologie zum Ausdruck, die das Konzilsdokument *Gaudium et spes* umreißt: Der Mensch ist eine substantielle Einheit aus Leib und Seele *("corpore et anima unus": Gaudium et spes*, Nr. 14). Der Leib ist kein nebensächlicher Faktor. Er hat nicht nur rein biologischen Wert, sondern ist ein integraler Bestandteil der Person. Der menschliche Leib ist von der Person durchdrungen und hat Anteil an ihrer Würde. Daher kann die leibliche Vermittlung, die die interpersonalen Beziehungen kennzeichnet, nicht auf ihren rein physischen oder instrumentalen Aspekt reduziert werden, ohne daß dadurch die Beziehungen selbst entstellt werden.

Im Hinblick auf den geschlechtlichen Umgang ist dies besonders bedeutsam. Der menschliche Leib trägt nämlich stets das Zeichen einer geschlechtlichen Differenz in sich, die die Berufung zu einer besonderen und ausschließlichen Beziehung zu einer Person des anderen Geschlechts zum Ausdruck bringt. Männlichkeit und Weiblichkeit sind keine nebensächlichen Dimensionen und beziehen sich nicht nur auf die physischen Merkmale, sondern sie zeigen die Perspektiven der Identität einer Person auf, die in der Beziehung zum anderen zur Reife kommen muß. Die Geschlechtlichkeit ist etwas Wesentliches: Sie ist eine Möglichkeit zur Gemeinschaft. Sie bezieht das innerste Leben der Person ein, auf einer Ebene, die niemals nur physisch, sondern stets personal ist *(Familiaris consortio*, Nr. 11).

Die andere Person muß stets als Subjekt betrachtet werden, das es verdient, um seiner selbst willen bejaht zu werden. Niemals darf sie als Objekt angesehen werden, das man erst benutzt und dann verläßt, wenn man es nicht mehr braucht oder wenn man damit nicht mehr so zufrieden ist wie zuvor. Die persönliche Würde des anderen, zu dem ich in Beziehung trete, verlangt von mir, daß ich seinen einzigartigen und unwiederholbaren Wert anerkenne. Und dieser kann nicht auf die allgemeine menschliche Natur oder auf irgendeine Qualität, die er besitzt, reduziert werden.[3] Die Haltung, die die Beziehung zu einer anderen Person als „*affirmanda propter se ipsam*" moralisch auszeichnet, ist die Liebe.[4] „In ihrer tiefsten Wirklichkeit ist die Liebe wesenhaft Gabe" *(Familiaris consortio,* Nr. 14), und ihr Höhepunkt ist die „Selbsthingabe" an den anderen. Diese Berufung zur aufrichtigen Selbsthingabe bezieht die Person in ihrer Ganzheit ein, mit Leib und Seele. Sie verlangt nach bleibender Treue und nach gesellschaftlicher und institutioneller Bindung. Der Leib hat also einen bräutlichen Sinn: Als reales Symbol der Person ist er aufgerufen, in jener einen und einzigen Liebesbeziehung zwischen Mann und Frau auch durch die Geschlechtlichkeit die vollkommene Hingabe der Personen zum Ausdruck zu bringen. Die Sprache des Leibes ist die Sprache der Personen, und sie muß es sein. Denn nur so ist sie wahr, andernfalls enthält sie eine Lüge, jeder subjektiven Illusion zum Trotz.

So wird die menschliche Liebe zum Abbild der Liebe Gottes. *Familiaris consortio* drückt dies mit wunderbaren Worten aus: „Gott hat den Menschen nach seinem Bild und Gleichnis erschaffen: den er aus Liebe ins Dasein gerufen hat, berief er gleichzeitig zur Liebe" (Nr. 11).

Vor der Größe dieser Berufung ist die menschliche Freiheit, die Freiheit der Männer und Frauen, täglich mit den eigenen Grenzen und Sünden, mit Schwäche, Untreue und Betrug konfrontiert. Und dennoch: Die Offenbarung der Wahrheit der Liebe ist keine Anklage, die das Paar unter der Last eines unwiderruflichen Urteils erdrückt, sondern sie vermittelt vor allem eine neue Chance, die die überreiche Gnade der Erlösung der menschlichen Freiheit gewährt. Am Kreuz offenbart und vermittelt Christus die Kraft einer Liebe, die sich rückhaltlos der Kirche hinschenkt. Es ist eine Liebe, die auf ewig gegenwärtig bleibt und die den Menschen überall und zu allen Zeiten in der Eucharistie stets zugänglich ist. Besonders die Eheleute können, im Sakrament der Ehe verbunden, aus dieser unerschöpflichen Quelle der Liebe vertrauensvoll die Kraft schöpfen, sich einander in der Wahrheit hinzuschenken und die Schwierigkeiten und Schwächen der menschlichen Natur zu überwinden.

So bringt die im Apostolischen Schreiben *Familiaris consortio* enthaltene Lehre von der Einheit, der Ganzheitlichkeit und der Unauflöslichkeit des ehelichen Geschenks das Vertrauen gegenüber den Menschen zum Ausdruck und verkündet eine unzerstörbare Hoffnung: Trotz ihrer Grenzen und Schwächen können der Mann und die Frau, die miteinander die Ehe eingehen, sich wirklich einander hinschenken, in einem bleibenden und treuen Bund. So können sie die Verheißung verwirklichen, die am „Anfang" ihrer Begegnung steht und die tief in ihren Herzen verankert ist. Ja, die durch das Blut Christi erlöste Freiheit ist wirklich zu diesem Geschenk fähig *(Familiaris consortio,* Nr. 20).

Der innere Zusammenhang zwischen Hochzeitlichkeit und Öffnung gegenüber dem Leben

Der zweite grundlegende Punkt der Morallehre des Apostolischen Schreibens *Familiaris consortio* betrifft den engen Zusammenhang zwischen der Hochzeitlichkeit und der Öffnung gegenüber dem Leben (Nr. 32). Nur wenn sie sich der Zeugung von Kindern nicht vorsätzlich verschließt, ist die Liebe der Eheleute wahre Liebe. Dementsprechend ist nur die eheliche Liebe der Ort, der würdig ist, neues Leben hervorzubringen.

2. Die gegenwärtigen Herausforderungen der antipersonalistischen Ideologie: die Genderfrage

Seit dem Jahr 1968, in dem auch die Enzyklika *Humanae vitae* veröffentlicht wurde, ist die christliche – aber auch menschlich vernünftige und natürliche – Auffassung von Ehe und Familie immer stärkeren Angriffen ausgesetzt. In den mehr als 25 Jahren, die seit der Veröffentlichung des Apostolischen Schreibens *Familiaris consortio* vergangen sind, hat außerdem ein Abbauprozeß der Institution der Ehe stattgefunden, der in einem Phänomen verwurzelt ist, das zu Recht als „geistlicher Kollaps" des westlichen Menschen bezeichnet wurde: ein extremer geistlicher Spannungsabfall, hervorgerufen durch das Zerbrechen des ursprünglichen Zusammenhangs zwischen Freiheit und Wahrheit im menschlichen Gewissen. Die tiefe Skepsis gegenüber der Fähigkeit der menschlichen Vernunft, eine Wahrheit über das Gute zu kennen, die das Handeln lenkt, indem sie gültige und objektive Gründe für Entscheidungen anbietet, führt unvermeidlich zu einem utilitaristischen Rückzug in sich selbst, in dem der Hedonismus der Lust, des Sich-Wohlfühlens, der Zufriedenheit der einzige Bezugspunkt ist.

Das Phänomen der „sexuellen Revolution" zeigt, daß der Versuch, die prokreative Ebene der Geschlechtlichkeit auszulöschen, letztlich den Sinn der geschlechtlichen Differenz aufhebt, wobei ihr Symbolgehalt verlorengeht. Die Suche nach der Freude an der Begegnung mit dem anderen wird durch ein unmittelbares und oberflächliches Luststreben ersetzt. Dieselbe kulturelle Dynamik, die abstreitet, daß die prokreative Ebene ebenso wesentlich ist, setzt auch die Homosexualität mit der „Heterosexualität" gleich. Sogar die Sprache wird manipuliert: Es wird abgestritten, daß die Geschlechtlichkeit von ihrem Wesen her auf den Unterschied zwischen Mann und Frau ausgerichtet ist. So ist man gezwungen, deren gegenseitige Anziehung als „hetero"-sexuell zu bezeichnen und sie auf eine Ebene mit der „Homo"-Sexualität zu stellen. Das Verlangen nach Unendlichkeit wird durch die prokreative Ebene der Liebe zwischen Mann und Frau über das Paar hinaus offengehalten. Wenn diese Ebene verleugnet wird, ist dieses Verlangen zum Rückzug in sich selbst gezwungen, in einen Narzißmus, bei dem das Luststreben unabhängig ist von der Freude an der Begegnung mit der anderen Person, die sich vom Ich unterscheidet. Hier liegt die Wurzel der Genderideologie,[5] die Johannes Paul II. in seinem Schreiben zum 20. Jahrestag von *Familiaris consortio* erwähnt hat. Dieser Ideologie zufolge ist die geschlechtliche Identität einfach nur Frucht einer willkürlichen Entscheidung, die nur das Individuum selbst treffen kann und die in keiner Weise von der natürlichen Beschaffenheit des Leibes als männlich oder weiblich abhängig ist: „Heterosexualität", Homosexualität und Bisexualität müssen als individuelle Entscheidungen akzeptiert werden, die alle völlig rechtmäßig sind.

Wenn sie nicht offen ist für die Zeugung von Kindern, wird die Geschlechtlichkeit darüber hinaus aus ihrer Eingebundenheit in die Zeit und in die Geschichte herausgerissen, wird sie ihrer Funktion innerhalb der Generationenabfolge beraubt. Ohne die Dimension der Vergangenheit und der Zukunft ist die sexuelle Begegnung zur Ästhetik des Augenblicks außerhalb der Zeit verurteilt. Das gilt noch mehr für die Homosexualität, in deren Zusammenhang man zu Recht von einem *„pointillisme esthétique"* (Ästhetik des Augenblicks)[6] gesprochen hat: Die einzige Zukunftshoffnung, die in der homosexuellen Begegnung liegt, ist die ständige und erschöpfende Suche nach einer Schönheit, von der man träumt und die man stets vergeblich sucht.

Aber auch wenn man innerhalb des Horizonts der sogenannten „Heterosexualität" bleibt, ist die Beziehung instabil und unverbindlich: Sie hat keine Geschichte und hinterläßt keine Spuren. Der Geburtenrückgang, der in den westlichen Gesellschaften erschreckend hoch ist, ist Zeichen für einen Mangel an Hoffnung in der Liebe. In Europa und in Nordamerika sind in allen Gesellschaftsschichten die nichtehelichen Lebensgemeinschaften ein weitverbreitetes Phänomen, und man fordert sogar ihre Gleichstellung mit den ehelichen Gemeinschaften. Die Beziehung zwischen Mann und Frau wird als experimentelle Koexistenz zweier gegensätzlicher Eigenpole aufgefaßt, die das Risiko der endgültigen Verpflichtung und der Hingabe nicht eingehen, sondern nur Vor- und Nachteile des Zusammenlebens abwägen und sich für den Fall, daß es nicht mehr klappen sollte, stets einen einfachen Ausweg offenhalten. Die Unfruchtbarkeit ist die unvermeidliche Folge einer hedonistischen Auffassung der von der Person und von der ethischen Verantwortung losgelösten Geschlechtlichkeit. Die Zukunftsperspektiven der Gesellschaften, die diesen kulturellen Strömungen folgen, verschlechtern sich dramatisch.

Die Zeugung, losgelöst von der natürlichen Bindung an die Geschlechtlichkeit und von der ethischen Bindung an die Ehe, bleibt der willkürlichen Entscheidung des Paares – sogar des homosexuellen Paares – oder selbst des einzelnen überlassen. Das „Recht auf das Kind" wird als unantastbar eingefordert und steht problemlos neben der nur scheinbar zu ihm im Gegensatz stehenden Forderung nach einem „Recht auf Abtreibung". Wenn das Kind nur ein Wunschobjekt ist, dann kann man in der Tat nach eigenem Willen entscheiden, ob und wie man es will. Und man kann, wenn die Umstände nicht die erhofften sind, das Recht beanspruchen, es überhaupt nicht zu wollen. Vom medizinischen Verfahren der künstlichen Befruchtung wird erwartet, daß es sich in den Dienst des Individuums und seiner Wünsche stellt und immer bessere Methoden zur Überwindung physiologischer Defekte entwickelt, um nicht nur den Erwartungen, sondern auch den Plänen dessen gerecht zu werden, der das Kind in Auftrag gegeben hat. Die notwendige Qualitätskontrolle des Produkts der künstlichen Befruchtung soll es möglich machen, fehlerhafte Embryonen oder Föten, die nicht plangemäß gelungen oder vielleicht auch einfach nur nicht mehr erwünscht sind, „auszusondern". Das durch ein technisches Verfahren – als Ersatz für den ehelichen Liebesakt – „produzierte" Kind wird nicht mehr als Person behandelt, die die Würde einer Person besitzt, als ein Geschenk, das man annimmt und das in sich selbst einen Wert hat, als ein „Gast", der von weither kommt. Vielmehr wird es als Wunschobjekt betrachtet, als Ergebnis technisch kontrollierter Planung. Es ruft kein Staunen mehr hervor, weil es höchstens dem entspricht, was man selbst gewollt hat.

3. Eine neue theologische Perspektive: das „hochzeitliche Geheimnis"

Vor den radikalen Herausforderungen der heutigen Zeit, die unter dem starken Einfluß der antipersonalistischen Ideologie steht, wird der prophetische Wert des Satzes deutlich, der als Fazit von *Familiaris consortio* gelten kann: „Die Zukunft der Menschheit geht über die Familie!" (Nr. 86). Das ist auch eine Herausforderung für die Theologen, deren Aufgabe es ist, die Lehre zu vertiefen und Wege zu finden, um sie den Menschen von heute zu vermitteln, damit sie verstanden und gelebt wird. Die Entwicklung der Menschheitsgeschichte ist nämlich nicht deterministisch vorbestimmt, sondern sie entspringt vor allem dem freien Handeln, aus dem heraus die Geschichte geformt und auf ein Ziel hin ausgerichtet wird, das einen größeren moralischen und nicht nur technischen oder wirtschaftlichen Fortschritt beinhalten muß. Diese theologische Reflexion hat sich insbesondere das Institut Johannes Paul II. für Studien über Ehe und Familie zur Aufgabe gemacht. Es entstand auf Wunsch von Johannes Paul II. eigens zu diesem Zweck vor über 25 Jahren, zum Zeitpunkt der Veröffentlichung von *Familiaris consor-*

tio. Es ist daher angebracht, im letzten Teil dieses Kapitels die Grundzüge dieser Reflexion aufzuzeigen. Man kann sie kurz als „Theologie des hochzeitlichen Geheimnisses" bezeichnen. Sie ist die anthropologische und theologische, letzte und tiefe Grundlage der ethischen Lehre des Apostolischen Schreibens, von dem hier die Rede ist.

Der Begriff „hochzeitliches Geheimnis" bezeichnet das Phänomen der Liebe in seiner unauflöslichen Verknüpfung von geschlechtlicher Differenz, Liebe und Fruchtbarkeit (Zeugung). Er liegt sowohl in der Kulturgeschichte als auch in der biblischen Offenbarung begründet und entspricht der phänomenologischen Betrachtung der elementaren menschlichen Erfahrung der Liebesbegegnung zwischen Mann und Frau. Darüber hinaus kann er, durch einen vorsichten Gebrauch der Analogie, jede mögliche Form der Liebesbeziehung erhellen, von der geschlechtlichen Liebe bis hin zu der Liebe, mit der Gott uns liebt, indem er mit seinem Volk eine bräutlichen Bund schließt.[7] Diese Perspektive läßt das Geheimnis der dreifaltigen Liebe durchscheinen, deren Abbild die menschliche Liebe in all ihren Formen ist.[8] Joseph Ratzinger sagt: „man kann die Einheit Gottes nicht ... von der Familie her ableiten".[9] In diesem Fall würde das Geschöpf zum Maßstab für den Schöpfer. Als fernes Echo bleibt so auch in der geschlechtlichen Liebe – die auf der niedrigsten Ebene der Analogie steht, da sie viele beinahe animalische Züge trägt – das Streben nach Erfüllung bewahrt, welche die andere Person für das Ich bedeuten kann.

Durch das hochzeitliche Geheimnis kann man vor allem die wahre Natur der ehelichen Liebe und der Ehe begreifen, da es diese in ihrem höchsten Ursprung betrachtet: in Gott, der die Liebe ist und der Vater, „nach dessen Namen jedes Geschlecht im Himmel und auf der Erde benannt wird" (Eph 3,14–15). Auch kann man im Licht des hochzeitlichen Geheimnisses besser verstehen, warum die Eheleute freie und verantwortliche Mitarbeiter Gottes, des Schöpfers, sind in der verantwortungsvollen

Pflicht, das menschliche Leben weiterzugeben. Und schließlich liefert dieses Geheimnis, wenn es aufmerksam erforscht wird, auch den Schlüssel zum richtigen Verständnis der wichtigsten Lehre der Enzyklika *Humanae vitae* und von *Familiaris consortio:* der unauflöslichen Verbindung zwischen der unitiven und der prokreativen Bedeutung des ehelichen Akts. Es ist nämlich das notwendige Bindeglied zwischen letzterer und dem „ganzen Menschen, ... der gesamten Aufgabe, zu der er berufen ist; nicht nur seiner natürlichen und irdischen Existenz, sondern auch seiner übernatürlichen und ewigen".[10] An dieser Stelle ist es angezeigt, die drei grundlegenden Elemente des hochzeitlichen Geheimnisses noch einmal kurz aufzugreifen.

Die geschlechtliche Differenz (I)

Die Erfahrung zeigt, daß die Geschlechtlichkeit zunächst einmal geschlechtliche Differenz ist. Durch diese erschöpft sich die Andersartigkeit nicht im Sein des anderen gegenüber dem Ich, sondern sie ist gewissermaßen bereits in das Ich selbst eingeschrieben: Ohne die Einheit des Ich zu zerbrechen, drängt sie dieses zur Gegenseitigkeit – nicht, um etwas Fehlendes zu ergänzen, sondern als Voraussetzung für eine freie Selbstverwirklichung. Der Leib ist das „Sakrament der ganzen Person" und wird stets bestimmt durch die geschlechtliche Differenz, da er *corpore et anima unus* ist. Er ist für den Menschen das unverzichtbare *medium*, um sich selbst zu finden und gleichzeitig eine Beziehung zum anderen herzustellen. Die so entstehende Gegenseitigkeit ist keine reine Komplementarität, da sie asymmetrischen Charakter besitzt. Um das nachzuvollziehen, genügt der gesunde Menschenverstand: Jeder Mensch lebt die Gegenseitigkeit immer gleichzeitig in mehreren zwischenmenschlichen Beziehungen, für die die geschlechtliche Differenz grundlegend ist. So steht ein Mann in Beziehung zu vielen Angehörigen des anderen Geschlechts (Mutter, Schwester etc.), ohne ausschließlich auf eine von ihnen polarisiert zu sein, auf der Suche nach der anderen Hälfte seiner selbst, mit der er eins werden kann.

Da die geschlechtliche Differenz die asymmetrische Gegenseitigkeit aufzeigt, steht sie in enger Wechselbeziehung zur ehelichen Liebe *(una caro,* Ehe) einerseits und zur Fruchtbarkeit (Familie) andererseits. „Ein Fleisch werden in der Liebe" bedeutet nämlich, daß beide in der Frucht der Liebe (im Kind) miteinander verschmelzen, gleichzeitig jedoch selbst im ehelichen Akt der Unterschied zwischen Mann und Frau nicht überwunden wird. Dieser nämlich hält den Platz für den Dritten frei: für das Kind.

Die eheliche Liebe (II)

Die geschlechtliche Differenz ist, als besonderer Ausdruck der ontologischen Differenz (Polarität), der die Wesen in der Welt kennzeichnet, „die ontische Vorstufe dessen, was unter freien Wesen die Liebe ist".[11] Sie ist Voraussetzung für den wechselseitigen Austausch und, bei bewußten und selbstbewußten Wesen, für ihre gegenseitige Einwohnung. So hat die Liebe eine natürliche Grundlage,[12] die beim Menschen von der Freiheit aufgenommen, aber nicht ausgelöscht wird. Der eigentliche Sinn der menschliche Freiheit ist das Dasein für den anderen: Sie ist für die Selbsthingabe an den anderen geschaffen. Die besondere Weise, auf die der Mensch die Liebe leben kann, geschieht durch den Leib mit seinen Geschlechtsmerkmalen, verstanden als die ursprüngliche Ebene, auf der der Mensch die Erfahrung der Notwendigkeit macht, sich selbst wiederzufinden durch eine objektive Form, die nicht er selbst ist. Mit dem so verstandenen Leib begegnet der Mensch den Wesen der Welt. Wenn er dann auf ein menschliches Geschöpf stößt, wie er selbst eines ist, dann entdeckt er die Grenze seiner Freiheit und die positive Wirklichkeit des anderen. „Wie schön, daß es dich gibt!" – so ruft er aus, im Staunen über diese verheißungsvolle Begegnung.

So wird einer sich des anderen bewußt, und hell erstrahlt jene Gegenseitigkeit und jene Verheißung der Erfüllung in der Gemeinschaft, die den Dialog der Liebe beginnen läßt. Der elementare Sinn des biblischen Wortes „ein Fleisch werden", das der Ehe zugrunde liegt, ist hier enthalten.

Die Eheleute drücken einander ihre personale Liebe in der „Sprache des Leibes" aus, die deutlich den Ausdruck gegenseitiger Hingabe mit der Bestimmung zur Elternschaft verbindet. Der eheliche Akt, durch den die Eheleute einander ihre Selbsthingabe kundtun, drückt zugleich die Öffnung zum Geschenk des Lebens aus: Er ist ein untrennbar leiblicher und geistiger Akt zugleich. In ihrem Leib und durch ihren Leib vollziehen die Gatten die Ehe und können Vater und Mutter werden.[13]

Die Zeugung (III)

Die personalistische Perspektive des „Ein-Fleisch-Werdens" offenbart die ganzheitliche Sicht des Menschen, die in der katholischen Auffassung vom ehelichen Akt zum Ausdruck kommt: In der leiblichen Vereinigung werden die zwei ein Fleisch. Das wird in der Frucht, dem Kind, sichtbar, in dem der Anteil beider Ehepartner auf biologischer, psychologischer und geistiger Ebene untrennbar geworden ist. Und dennoch bleiben die beiden voneinander verschieden und können eben daher die leibliche Vereinigung als personale Vereinigung erfahren. Im ehelichen Akt tritt der Mensch als Krone der Schöpfung hervor. Das hochzeitliche Geheimnis ist das tiefste Geheimnis auf natürlicher Ebene. Im ehelichen Akt nämlich findet die einzigartige Begegnung zwischen Natur und Geist statt, und in der schöpferischen Gegenseitigkeit dieser beiden Faktoren wird der Sinn der menschlichen Zeugung erhellt: eine Begegnung zwischen zwei Personen in der Liebe, im Zeichen der fruchtbaren leiblichen Vereinigung.

Die dem menschlichen Paar, Mann und Frau, eigene Natur der Hochzeitlichkeit bestimmt auch die Natur ihrer Fruchtbarkeit. Diese muß als Zeugung *(procreatio)* aufgefaßt werden, die sich sowohl von der Fortpflanzung der Tiere (als Exemplare einer Art) als auch von der Zeugung *(generatio)* des Sohnes in Gott qualitativ unterscheidet.

In der Achtung der Sprache des Leibes und seiner natürlichen Fruchtbarkeit muß die eheliche Vereinigung mit Offenheit für die Zeugung geschehen, und die Zeugung einer Person muß Frucht und Ziel der ehelichen Liebe sein. Der Ursprung des Menschen liegt so in einer Zeugung, „die nicht nur an die biologische, sondern auch an die geistige Vereinigung der Eltern gebunden ist, die im Bund der Ehe geeint sind".[14]

Das „hochzeitliche Geheimnis" und die Lehre vom Abbild Gottes

Die untrennbare Einheit von geschlechtlicher Differenz, ehelicher Liebe und Fruchtbarkeit ist der Ort, an dem die Person, die Ehe und die Familie vollendete Form annehmen. So offenbart sich die im wesentlichen dramatische Natur der menschlichen Existenz. Wie jede andere grundlegende Dimension der menschlichen Existenz ruft sie nämlich sämtliche Polaritäten auf den Plan: die Polarität von Geist und Leib, von Mann und Frau, von Individuum und Gemeinschaft. Der andere ist gleichwesentlich mit dem Ich, wenn man den Leib als Sakrament der ganzen Person betrachtet, als Voraussetzung für das Einswerden im Fleisch (Ehe) und als von seinem Wesen her auf die Fruchtbarkeit hingeordnet (Familie). Ohne daß die autonome Konsistenz des Ich Schaden nimmt, wird die Andersartigkeit – im Licht des hochzeitlichen Geheimnisses – als zum Ich gehörig erkannt und läuft daher nicht Gefahr, für nebensächlich gehalten zu werden. Ehe und Familie sind wesentliche Elemente auf der natürlichen Ebene, um das geistige Subjekt als Person zur Vollendung gelangen zu lassen.

Das Apostolische Schreiben *Mulieris dignitatem* hat die klassische Lehre der *imago Dei* erweitert, um Raum zu schaffen für diese anthropologische Sichtweise.

Daß der als Mann und Frau geschaffene Mensch Gottes Abbild ist, bedeutet nicht nur, daß jeder von ihnen einzeln als vernunftbegabtes und freies Wesen Gott ähnlich ist. Es bedeutet auch, daß Mann und Frau, als „Einheit von zweien" im gemeinsamen Menschsein geschaffen, dazu berufen sind, eine Gemeinschaft der Liebe zu leben und so in der Welt jene Liebesgemeinschaft widerzuspiegeln, die in Gott besteht und durch die sich die drei göttlichen Personen im innigen Geheimnis des einen göttlichen Lebens lieben. Der Vater, der Sohn und der Heilige Geist, ein einziger Gott durch die Einheit des göttlichen Wesens, existieren als Personen durch die unergründlichen göttlichen Beziehungen. Nur auf diese Weise wird die Wahrheit begreifbar, daß Gott in sich selbst Liebe ist (vgl. 1 Joh 4,16). *Das Abbild und Gleichnis Gottes* in dem als Mann und Frau geschaffenen Menschen (in der Analogie, wie man sie zwischen Schöpfer und Geschöpf annehmen darf) besagt also auch „Einheit der zwei" im gemeinsamen Menschsein. Diese „Einheit der zwei", ein Zeichen der Gemeinschaft von Personen, *weist darauf hin, daß ʒur Erschaffung des Menschen* auch eine gewisse Ähnlichkeit mit der göttlichen Gemeinschaft *(„communio")* gehört. Diese Ähnlichkeit ist dort enthalten als Eigenschaft des personhaften Seins beider, des Mannes und der Frau.[15]

Johannes Paul II. hebt so das Gemeinschaftliche der *imago Dei* hervor und führt eine analogische Entsprechung zwischen dem hochzeitlichen Geheimnis und der Gemeinschaft der göttlichen Personen in der Dreifaltigkeit ein.

So läßt sich durch die *imago*-Lehre das hochzeitliche Geheimnis in seiner ganzen Fülle erfassen. Durch die aufsteigende Analogie *(anagogia)* wirft die Verknüpfung von geschlechtlicher Differenz, Liebe und Fruchtbarkeit, die in Mann und Frau zum Ausdruck kommt, ein wunderbares Licht auf die Anthropologie, die Ekklesiologie (Christus als der Bräutigam der Kirche, seiner Braut: Eph 5,21–33) und – durch das geopferte Fleisch und das vergossene Blut des gekreuzigten Christus (Christologie) – das dreifaltige Leben selbst. Durch diese zentralen Geheimnisse des Christentums wiederum kann mit Hilfe der absteigenden Analogie *(catalogia)* das hochzeitliche Geheimnis in der Beziehung zwischen Mann und Frau besser erfaßt werden. Der höchste Punkt der Analogie liegt in der Beziehung zwischen Dreifaltigkeit und Familie: Diese ist nämlich, als Ausdruck der vollkommenen geschöpflichen Liebe, eine echte *imago Trinitatis*.

Wir haben von der menschlichen Liebe, der Ehe und der Familie gesprochen und sind so bei der ursprünglichen Liebe, der Liebe Gottes, angekommen. Als ungeschaffene Liebe ist sie die Quelle, das Urbild und das Endziel jeder Liebe zwischen den Geschöpfen und besonders der geheimnisvollen Liebe zwischen einem Mann und einer Frau, aus der eine Familie entsteht. Der orthodoxe Theologe Paul Evdokimov schrieb: „Kein Poet und keiner der großen Denker hat jemals die Antwort auf die Frage gefunden: Was ist Liebe? ... Wollte jemand das Licht einfangen, so würde es ihm zwischen den Fingern zerrinnen".[16] Das hochzeitliche Geheimnis ist also keine einfache Formel, sondern vielmehr eine lichtvolle Perspektive. Durch sie kann man in Christus die Schönheit und die Aufgabe von Ehe und Familie besser verstehen, in der Entsprechung von menschlicher und göttlicher Liebe, von Erfahrung und Offenbarung. Bereits vor mehr als 25 Jahren hat das Apostolische Schreiben *Familiaris consortio* dieses dargelegt.

Zweiter Teil
ETHISCHE DIMENSIONEN DES HOCHZEITLICHEN GEHEIMNISSES

Die Vollendung der Liebe in der Wahrheit ist eine Aufgabe, die der menschlichen Freiheit anvertraut ist. Mann und Frau sind aufgerufen, durch ihr Handeln Tag für Tag eine personale Gemeinschaft aufzubauen. Das hochzeitliche Geheimnis, das in der Ehe und in der Familie seine höchste Verwirklichung findet, öffnet sich so zu einer ethischen Dimension hin. Der Ethos ist die Heimstatt, in der der Mensch lebt und wo er für sich und seine Lieben einen Lebensraum menschlicher Beziehungen schafft, der bewohnbar ist und in dem alle in der Menschlichkeit wachsen können: einen echten Lebensraum der „Kultur".

Nur in einer Gesellschaft, die auf erzieherischer, rechtlicher, sozialer und politischer Ebene eine Kultur der Familie fördert, ist eine ganzheitliche Entwicklung des Menschen möglich. Die ethischen Grundnormen zur menschlichen Liebe, zu Ehe und Familie, zur Achtung des Lebens und zur Erziehung, an denen die Christen gemeinsam mit allen Menschen guten Willens festhalten, sind nicht Ausdruck eines Anspruchs, Regeln aufzuerlegen, die nur mit Hilfe des Glaubens verständlich sind. Es sind im Gegenteil Werte, die allen Menschen angeboten werden, die auf der Ebene der Vernunft erkannt werden können und die echte menschliche Gemeinschaft gewähren.

DIE *EINHEIT* LEBEN

Die menschliche Geschlechtlichkeit beinhaltet einen starken Appell an die Einheit zwischen Mann und Frau, die in der Gemeinschaft der Personen Erfüllung verheißt. Damit die Verheißung, die dem Geschlechtstrieb und der Affektivität innewohnt, verwirklicht werden kann, bedarf es einer Integration all dieser Antriebe des Subjekts auf personaler Ebene.

Die Tugend der Keuschheit ist alles andere als ein bloßes Unterdrücken der Leidenschaften. Vielmehr ist sie die Fähigkeit, Triebe und Gefühle auf den Wert der Person und die Förderung der Gemeinschaft hin auszurichten.

Die Kirche und besonders die Priester müssen im Rahmen der Seelsorge nicht nur das Ideal der Liebe nach dem Schöpfungsplan Gottes treu verkünden, sondern auch mit der Barmherzigkeit des Erlösers den Leiden und Dramen begegnen, den Schwierigkeiten, den menschlichen Schwächen und Sünden, die irreguläre Situationen in Ehe und Familie mit sich bringen. Wahrheit und Liebe müssen und können eins werden in der Nachahmung Christi, des guten Hirten und Seelenarztes.

IV. Die Keuschheit als Tugend der wahren Liebe

Die Keuschheit steht heute in keinem guten Ruf, wie übrigens der ganze Begriff der Tugend. „Tugend" wird assoziiert mit „Spießigkeit", mit einer Lebenseinstellung ohne jeden Elan, voller Furcht vor dem Menschlichen und seinen Gefahren und letztendlich recht egoistisch, in sich selbst verschlossen und nur nach der eigenen Selbstvervollkommnung strebend. Vom theologischen Gesichtspunkt her ist die Tugend durch Vorbehalte von seiten des protestantischen Denkens belastet: sie setze voraus, daß der Mensch von Natur aus in der Lage sei, Gutes zu tun. Damit gerät sie unter den Verdacht des Pelagianismus, der das Gnadengeschenk verdunkelt.

Insbesondere herrscht landläufig die Meinung, daß die Keuschheit einem Leben voll reicher und tiefer Emotionen im Wege stehe. Der vollkommen keusche Mensch sei derjenige, der alles Geschlechtliche unterdrücke und sogar das Verlangen ausgelöscht habe. Das ist allerdings das stoische Tugendideal, die Ausmerzung von Leidenschaften und Wünschen, das Ideal der vollkommenen Apathie. Es ist jedoch nicht das christliche Ideal. Für den Christen ist die Keuschheit nämlich nicht Unterdrückung der Leidenschaften, sondern sie ist vielmehr die Tugend, die wahre Liebe ermöglicht, indem sie die Triebe und die Affektivität in die Dynamik des persönlichen Reifeprozesses einbindet, der zur Selbsthingabe und zur Annahme des anderen führt. Sie ist eine Tugend, die den Menschen offen macht für die Beziehung zu den anderen, in der Anerkennung ihrer persönlichen Würde, eine Tugend, die Frucht des Heiligen Geistes in uns ist. Sie verwirklicht die Nächstenliebe in den zwischenmenschlichen Beziehungen, wobei die geschlechtliche Dimension mit in diesen Prozeß eingebunden ist.

1. Die Notwendigkeit einer Einbindung der Person in das mit der Geschlechtlichkeit verbundene Handeln

Zum Verständnis dessen, was hier erläutert werden soll, müssen wir zunächst die Komplexität der menschlichen Dynamiken, vor allem auf der Ebene der Geschlechtlichkeit, genauer betrachten.

Bei den Tieren ist die Geschlechtlichkeit ein Instinkt, der auf blinde und zwanghafte Weise danach drängt, befriedigt zu werden. Beim Menschen dagegen wird sie vielmehr als Neigung und Trieb definiert, weil die instinktiven Dynamiken durch die Vernunft und die Freiheit auf die Ebene der personalen und interpersonalen Beziehung erhoben werden müssen. Der Geschlechtstrieb offenbart dem Menschen eine natürliche Abhängigkeit: Zur Ergänzung seiner selbst braucht er einen Menschen des anderen Geschlechts. Der tiefere Sinn der Geschlechtlichkeit ist die Offenbarung einer Abhängigkeit und Warten auf Gemeinschaft. Der Wert der menschlichen Geschlechtlichkeit entsteht schon auf biologisch-physiologischer Ebene. Er bezieht die menschliche Psychologie ein und prägt diese gleichzeitig tief. Aber erst auf geistiger und existentieller Ebene zeigt sich dieser Wert ganz: Die Geschlechtlichkeit spielt eine entscheidende Rolle bei der Suche des Menschen nach dem Sinn und dem Wert seiner eigenen Existenz. Letztlich ist nur Gott der wahre Gegenstand jenes Wunsches nach Glück, der den Mann zur Frau hinzieht und eine Person zu einer anderen Person.

Im Menschen besitzt die Geschlechtlichkeit viele komplexe Dimensionen, ebenso komplex und vielschichtig wie die Vorgänge im Menschen auf körperlicher, psychologischer und geistiger Ebene. Gleichzeitig gehören diese vielen Dynamiken zur inneren Dynamik ein und derselben Person, ein und desselben menschlichen Subjekts. Die Tugend der Keuschheit hat ihren Platz in der Dialektik zwischen der Pluralität der Dimensionen des Menschen und der Einheit seines Seins, zwischen der Vielfalt der Impulse und der Einheit seiner Berufung.

Der Geschlechtstrieb, der sich vom Instinkt der Tiere unterscheidet, ist, wie der Name schon sagt, ein Trieb, eine angeborene und natürliche Ausrichtung der menschlichen Neigungen. Er orientiert den Menschen physiologisch, psychologisch und geistig auf einen anderen Menschen, auf eine andersgeschlechtliche Person hin. Das ist der entscheidende Punkt: Er ist nicht nur auf einige Eigenschaften der Person (Schönheit, geschlechtliche Attraktivität, Liebreiz ...) hin orientiert, sondern auf die Person als solche, die Trägerin dieser Eigenschaften ist. Der Geschlechtstrieb muß also den Determinismus der biologischen Ordnung und der Leidenschaften übersteigen, um zur Liebe zu werden.

Zwischen der biologischen Ebene (dem Trieb, dem somatischen Aspekt der Reaktion des eigenen Leibes auf den Leib des oder der anderen) und der geistigen Ebene (der Liebe) spielt beim Menschen die psychische Ebene eine entscheidende Rolle. Neben und zusammen mit der Wahrnehmung, also der Reaktion der Sinne auf Eindrücke, die von den wahrgenommenen Objekten hervorgerufen werden, ist beim Menschen stets auch das Gefühl vorhanden, also eine Reaktion auf die persönlichen Werte.

Ich nehme den anderen als ein Gut wahr, als Wert für mich. An erster Stelle steht also die Dimension der „Sinnlichkeit", die Reaktion der Sinne auf die geschlechtlichen Werte, die vor allem den Leib der andersgeschlechtlichen Person betreffen. Sie ist utilitaristisch ausgerichtet (Inbesitznahme des anderen als ein Gut für mich) und instabil (sie dauert nur solange an, wie es eine spürbare Reaktion gibt).

Neben der Sinnlichkeit, die mit den leiblichen Werten verbunden ist, ist eine andere typische Reaktion der psychischen Ebene des Menschen die „Affektivität", also die Fähigkeit, auf Weiblichkeit oder Männlichkeit, im Sinne der Gesamtdimension der anderen Person, zu reagieren. Sie kommt bezeichnenderweise als „Wunsch, einander immer nahe und stets vereint zu sein" zum Ausdruck. Auch diese Art der Zuneigung ist von zwiespältigem Wert: Sie bringt den Menschen dazu, die andersgeschlechtliche Person zu idealisieren, oft ohne diese wirklich zu kennen. Während die Sinnlichkeit sehr stark mit dem unmittelbaren geschlechtlichen Wert des Leibes verbunden ist, ist die Affektivität mehr einem Traumbild zugeneigt. Sie setzt den Menschen der Gefahr aus, nur zu träumen und die Begegnung mit der konkreten Realität der anderen Person zu vermeiden.

Beide „Reaktionen" (es handelt sich um Leidenschaften, da sie unter dem Einfluß eines äußeren Eindrucks entstehen) dringen nicht bis zur Person des anderen vor. Sie sind keine ausreichende Grundlage für eine Begegnung und eine stabile Beziehung. Sie sind jedoch der normale Ausgangspunkt, an dem das Interesse an der anderen Person geweckt wird, und sie bereichern die persönlichen Beziehungen.

Nur wenn die „Liebe" sich so weit entwickelt, daß sie zur Person des anderen gelangt, dann ist sie für immer. So kommt die höhere Ebene des psychischen Lebens des Menschen ins Spiel, die auch die geistigen Fähigkeiten der Intelligenz und des Willens umfaßt. Diese Ebene betritt man dann, wenn man wahrnimmt, daß die geschlechtliche Anziehung von einer Person ausgeht, daß es der Wert der Person ist, der uns durch die leiblichen Geschlechtsmerkmale und die emotiven Reaktionen auf die Weiblichkeit oder Männlichkeit anspricht. In diesem Übergang von der primären Ebene der Triebe zur geistigen Ebene der Beziehung zur anderen Person spielt die dazwischen liegende psychische Ebene eine entscheidende Rolle. Dies vor allem in Form jener *„großen und tiefen Gefühle"*, die die Liebe kennzeichnen und die wie eine Verheißung die Begegnung mit dem Gut der Person des anderen vorwegnehmen. Einerseits ist nämlich die Instinktivität im Menschen niemals nur somatisch, sondern sie besitzt stets auch eine gefühlsmäßige Komponente. Andererseits sind es gerade die großen und starken Emotionen, die die geistige Dimension der Begegnung mit der anderen Person vorwegnehmen.

Die geistige Ebene der Geschlechtlichkeit, die die Verantwortlichkeit von Mann und Frau auf den Plan ruft, wird dann betreten, wenn der andere nicht mehr nur ein Gut für mich ist, sondern wenn er in sich selbst und um seiner selbst willen gewollt ist. Dann ist die Liebe nicht mehr nur ein Angezogensein durch den anderen als Gut für mich (im Mittelalter: *amor complacentiae)*, sondern sie ist Hingabe an den anderen zu seinem Wohl, für den Wert, den er in sich selbst darstellt (das Wohl des anderen wollen – im Mittelalter: *amor benevolentiae)*. Während auf der Ebene der Triebe und auf der untergeordneten psychischen Ebene der andere nur in bezug auf die Befriedigung eines subjektiven Bedürfnisses, das ich habe, einen Wert darstellt (Bedürfnis nach geschlechtlicher Lust oder nach Gesellschaft), so ist es auf der Ebene der geistigen Liebe umgekehrt: Der andere ist ein Wert in sich; ich muß ihn durch meine Freiheit ehren und achten.

Wenn ich den persönlichen Wert der anderen Person einmal wahrgenommen habe, dann zwingt er sich mir auf. Er verlangt von mir, auch auf Kosten meiner Triebe und Emotionen, eine Wahrheit, die mir nicht gehört, anzunehmen und zu achten. Er verweist auf die Notwendigkeit, meinen Besitzwunsch zum Schweigen zu bringen, damit ich dem anderen zuhören kann, damit er sich öffnen kann in seiner einzigartigen und unwiederholbaren Wahrheit, dem kostbarsten Geschenk der Liebesbegegnung. Nur wenn der Blick rein ist, wenn er die andere Person nicht zu einem Gegenstand reduziert, den man genießen oder benutzen kann, ist eine wahre Begegnung mit ihr möglich – eine Begegnung, in der das Anderssein geachtet und nicht verleugnet wird und in der eine Beziehung zum Leben erwacht, die ständig voller Überraschung und Neuheit ist.

Als Kommentar hierzu zwei Zitate aus dem Werk des deutschen Philosophen Josef Pieper, die dieses Konzept zum Ausdruck bringen:

Jemanden oder etwas lieben heißt: diesen Jemand oder dieses Etwas „gut" nennen und, zu ihm gewendet, sagen: Gut, daß es das gibt; gut, daß du auf der Welt bist![1] Denn das leuchtet jedermann ein: wenn eine „Liebe" in dem Augenblick endet, da auf seiten des Partners bestimmte Qualitäten (Schönheit, Jungsein, Erfolg) verschwinden, dann hat sie schon von Anfang an nie existiert. Die „Testfrage", noch einmal, lautet eben nicht: Findest du den anderen sympathisch, tüchtig, „nett"? Sondern sie lautet: Bist du damit einverstanden, oder hast du etwas dagegen, daß er existiert; kannst du ehrlich sagen: Gut, daß es ihn gibt?[2]

2. Die Erfahrung einer Zersplitterung der Person

An diesem Punkt stellt sich folgendes Problem: Wie können diese vielen Dimensionen, Triebe und Impulse zu Faktoren werden, die zum Aufbau der Person beitragen, wie können sie die Person offen machen für eine Liebesbeziehung, in der sie sich hinschenken und den anderen annehmen kann? Es gibt nämlich eine Realität, die jeder von uns zu spüren bekommt: Die Erfahrungen sind gewissermaßen einem Bruch und einer Zersplitterung unterworfen. Die geschlechtlichen Werte und die von ihnen ausgehenden instinktiven Triebe verdunkeln manchmal den persönlichen Wert des anderen (dies ist der „lüsterne Blick", von dem Jesus in der Bergpredigt spricht); die Suggestionen der Affektivität lenken uns vom anderen in seiner konkreten Wirklichkeit ab.

Der dänische Psychiater Arnold Hending hat ausführlich die dramatischen Folgen beschrieben, die die Trennung des geschlechtlichen Umgangs von der Zuneigung, vom Gefühl, von den Emotionen und von der gegenseitigen persönlichen Verpflichtung nach sich zieht.[3] Das Resultat ist ein Gefühl der Zersplitterung der Erfahrung. Man hat den Eindruck, daß das eigene Leben wie eine Bühne sei, auf der man nur Rollen spielt, die sich mit dem Szenenbild ändern. Wichtig ist nur noch das Gefühl, das die einzelne Erfahrung hervorruft. Das Leben wird zu einer Reihe von Erfahrungen, die voneinander isoliert dastehen. Je mehr die Geschlechtlichkeit von der Person getrennt wird, desto „freier" von Bindungen und zügelloser wird das sexuelle Verhalten. Die Psychiater beklagen die Folgen dieser Entwicklung – nicht zuletzt die zwanghafte Suche nach Befriedigung, die immer unterschiedlichere und auch perverse Formen annimmt.

In seinem Buch *Liebe und Verantwortung* spricht Karol Wojtyła in diesem Zusammenhang von der Reduzierung der Person des anderen auf ein reines Werkzeug, das man „gebraucht", um die eigenen Triebe zu befriedigen. Die Person wird auf ihre Geschlechtsmerkmale und auf die Lust, die sie hervorrufen können, reduziert – und zwar bereits durch den Blick und die in ihm enthaltene Absicht. Dieser Situation liegt die von der Sünde gezeichnete innere Disharmonie zugrunde, die wir in der Theologie des Leibes als „Begehrlichkeit" definiert haben. Nach dem hl. Augustinus nimmt diese vor allem die Form des Stolzes an, einer anmaßenden Selbstgenügsamkeit, die keinen Platz läßt für die wahre Begegnung mit dem anderen und für die Annahme des anderen. Der hl. Thomas dagegen legt die Betonung auf eine strukturelle Schwäche, die unfähig macht, den Leidenschaften zu widerstehen und sie in die Person zu integrieren. Auf jeden Fall liegt die Begehrlichkeit an der Wurzel der Zersplitterung des Subjekts und der Reduzierung des anderen zum Werkzeug.

3. Die Tugend der Keuschheit als Integration der Person und Möglichkeit einer wahren Beziehung

So wird auch die Aufgabe deutlich, vor der wir stehen: Die komplexe Realität der Geschlechtlichkeit muß in die geistige

Einheit der Person integriert werden, damit die Person sich hinschenken und den anderen annehmen kann. Das Konzept der „Integration der Person" ist grundlegend: Es setzt die organische Einheit verschiedener Dimensionen voraus, die in ihrer Unterschiedlichkeit geachtet und gleichzeitig in einer höheren Einheit in Einklang gebracht werden. Das ethische Problem der Integration ist das Einswerden der somatischen, psychischen und geistigen Dynamiken der Person.

Die Integration erfolgt nur im Lichte eines grundlegenden Wertes, auf den alle geschlechtlichen und nichtgeschlechtlichen Werte hingeordnet werden, deren Trägerin die Person ist. Diese Integration kann nicht auf der Ebene leiblicher oder rein psychologischer Werte stattfinden, denn hier gibt es nur eine Reaktion auf das Objekt, die der Haltung keine Stabilität gewährt. Der grundlegende Wert muß auf einer anderen Ebene gefunden werden, und dies kann nur die geistige Ebene sein, die den Wert der Person als solcher anerkennt.

Thomas von Aquin beschreibt die moralische Tugend anhand von drei Eigenschaften.[4] Die Tugend ist ein *habitus operativus bonus*, eine Seinsweise der Person in ihrer Gesamtheit, die auf das richtige Handeln hin ausrichtet. Die Tugend hat drei Kennzeichen: Beständigkeit, Leichtigkeit und Freude. Im täglichen Leben werden wir, besonders was die Geschlechtlichkeit betrifft, mit der Wandelbarkeit unserer Gemütslage und unserer Emotionen, mit der Schwierigkeit, Gutes zu tun, und mit der Traurigkeit konfrontiert. Wir haben daher den Eindruck, durch die Beachtung der moralischen Normen etwas zu verlieren. Die Tugend der Keuschheit ist die Fähigkeit eines Subjekts, die Schwierigkeiten zu überwinden, die aus der Wandelbarkeit der natürlichen Triebe und der Gefühle heraus entstehen, und im eigenen Leben die Liebe zum Ausdruck zu bringen: die für immer während Selbsthingabe an eine andere Person, die in ihrer ganzen Wahrheit angenommen wird.

4. Aspekte der Keuschheit

Die Tugend der Keuschheit verlangt Selbstbesitz und Selbstbeherrschung. Diese Haltung gestattet es uns, die eigenen unmittelbaren Reaktionen zu übersteigen. Sie ist die Fähigkeit, die somatischen und psychischen Dynamiken sowie die an die Geschlechtlichkeit gebundenen Reaktionen und passiven Erfahrungen (das, was „mit mir geschieht") in einer Form zu leben, die dem eigenen Lebensideal, dem Lebensplan einer Selbsthingabe und Annahme des anderen nicht widerspricht. Das setzt die Fähigkeit voraus, über die eigenen Triebe und Affekte nachzudenken und ein Werturteil über sie abzugeben, um sie zur Einheit der personalen Bedeutung zurückzuführen.

So kommt dem *Schamgefühl* ein besonderer Wert zu. Dieses schützt die Person vor den geschlechtlichen Reaktionen ihres Leibes, um die Fähigkeit zur Liebe zu bewahren. Aufgabe des Schamgefühls ist es, dafür zu sorgen, daß der personale Wert der Leiblichkeit nicht von Teilwerten verdunkelt wird, die an die Genitalität gebunden sind, damit nicht der begehrliche Blick dominiert und die Beziehung trübt.

In diesem Zusammenhang sollte das Thema der *Lust* kurz erwähnt werden. Diese ist an den physischen Ausdruck der Geschlechtlichkeit gebunden und spielt auf dieser Ebene eine sehr wichtige Rolle. Es gibt zwei Arten von Lust: die Lust, die durch die Befriedigung eines Bedürfnisses entsteht, und die Lust, die aus der Wertschätzung eines Objekts an sich heraus entsteht. Die erste Form, die stärker an die Sphäre der Leiblichkeit gebunden ist, bezieht das Objekt auf uns selbst und auf unsere physischen Bedürfnisse, während die zweite, die geistiger Natur ist, uns aus uns selbst heraustreten läßt, um uns in uneigennütziger Bewunderung dem Wert des anderen gegenüber zu öffnen. Die Lust, die aus der Befriedigung unserer Bedürfnisse heraus entsteht, darf gewiß nicht verachtet werden, aber sie kann nicht die Regeln setzen, wo es um interpersonale Beziehungen geht.

Insbesondere im ehelichen Geschlechtsleben muß die physische Lust in die Hingabe an die Person eingebunden und ihr untergeordnet werden. Sie sollte dankbar angenommen werden, kann aber nicht den Maßstab bilden für einen Akt, der die eheliche Liebe zum Ausdruck bringen soll.

Ein weiteres Element, das zur Tugend der Keuschheit gehört, ist die *Enthaltsamkeit*. Wenn nämlich die Integration der geschlechtlichen Dynamiken in die Liebe ein Weg ist, auf dem die Person durch einen Lernprozeß voranschreiten muß, dann sind innerer Kampf, Askese und Verzicht unvermeidlich. Mit anderen Worten, die Enthaltsamkeit ist der Weg zur Keuschheit. Das Schweigen der natürlichen triebhaften Aktivitäten, die mit der Genitalität verbunden sind, trägt zum Erlernen der tieferen Sprache der Hingabe der Personen bei. Der Verzicht ist also kein Selbstzweck, sondern er ist auf die Selbsthingabe und auf die Annahme des anderen ausgerichtet, im Bewußtsein, daß diese Selbsthingabe und diese Annahme der wichtigere Aspekt sind, dem auch die genitale Geschlechtlichkeit untergeordnet werden muß.

Der hl. Paulus lehrt, daß Eheleute nur „im gegenseitigen Einverständnis und nur eine *Zeit*lang, um für das Gebet frei zu sein" (1 Kor 7,5), geschlechtliche Abstinenz üben sollen. Für „Zeit" gebraucht der Apostel hier nicht das griechische Wort *chronos* (das den chronologischen Ablauf anzeigt), sondern den Begriff *kairòs* (Zeit der Gnade und der Rettung). Es ist also keine Zeit der „Leere" in der Liebe, sondern vielmehr eine Zeit der vertrauensvollen Zuversicht, in Fügsamkeit gegenüber dem Heiligen Geist, auf eine größere Liebe, eine Vertiefung der gegenseitigen Hingabe und Annahme. Das ist der geistliche Sinn der zeitweiligen Abstinenz.

So geschieht die *Sublimierung* auch durch die Abstinenz: Die Triebe und die Affektivität, die zurückgehalten werden, werden gleichzeitig mit den wahren Werten in Einklang gebracht. Die Kräfte, die anfangs auf die Erfüllung des niederen Werts ausgerichtet waren, werden auf den höheren Wert hingeleitet. Und so kann der Verzicht zur Bereicherung des affektiven Lebens werden, das in einem zweiten Moment verwirklicht werden wird.

Es muß auch hervorgehoben werden, daß das Ideal der *ehelichen Keuschheit* nicht die individuelle Vollkommenheit des einzelnen Partners, sondern die gegenseitige Ergänzung in der Liebe ist. Die subjektive Liebe des einen Partners muß der des anderen begegnen, in einer gegenseitigen Liebesbeziehung, die beide beeinflußt und jedem von ihnen hilft, einen gemeinsamen Raum zu schaffen, in dem die Liebe wachsen kann. Der Liebende wünscht, daß die Geliebte teilhat an der Umsetzung jener personalen Realität, die ihre gegenseitige Liebe ist: das Wachstum und die Ergänzung ihrer Personen in der Gemeinschaft. Auch die geschlechtliche Zuneigung und das geschlechtliche Verlangen werden in diese personale Polarität hineingezogen, in der Öffnung auf jene Fruchtbarkeit hin, die die Liebe vor dem Rückzug in sich selbst bewahrt und sie zur Zusammenarbeit mit Gott in der Zeugung werden läßt.

5. Keuschheit und Liebe

Vom theologischen Gesichtspunkt her ist die Tugend der Keuschheit möglich durch die Teilhabe an der Liebe Christi, der im Heiligen Geist jedem Menschen die Fähigkeit schenkt zu lieben – in der Form, die seiner jeweiligen Berufung entspricht.

Gemäß der Theologie der Ehe ist die Gnade, die zu diesem Sakrament gehört, die *caritas coniugalis* (hochzeitliche Liebe): die Fähigkeit, die den Eheleuten geschenkt wird, einander in der Wahrheit zu lieben und das Wohl des anderen zu wollen, wie es der Vollkommenheit der Liebe Christi entspricht. Daher muß man an sich selbst und an der eigenen ehelichen Beziehung arbeiten. Die Ehe muß zu einer Geschichte der Askese und des Wachstums werden, um fügsam zu sein gegenüber dem Heiligen Geist und den ganzen Reichtum des affektiven und des geschlechtlichen Lebens in die Liebe einzubinden. Das führt auch zum Verständnis einer weiteren traditionellen Wahrheit der Liebe, die heute meist verschwiegen wird: die Ehe als „Mittel gegen die Begehrlichkeit". Die Begehrlichkeit ist jene innere Unordnung, durch die die niederen Dynamiken die freie Selbsthingabe verhindern. Die Gnade, die zur Ehe gehört, liegt dagegen darin, daß der Heilige Geist der Freiheit der Eheleute die Möglichkeit schenkt, einer inneren Zersplitterung entgegenzuwirken, um die Selbsthingabe und die Annahme des anderen verwirklichen zu können. Der Heilige Geist wirkt im Leben der Eheleute mit der erlösenden Kraft Christi. Er schenkt ihnen die übernatürliche Liebe und erneuert ihre tiefe Achtung gegenüber der Heiligkeit ihrer Person und ihrer Liebe im Plan Gottes.

Für diejenigen, die zur Jungfräulichkeit um des Himmelreiches willen berufen sind, bedeutet Keuschheit nicht nur Enthaltsamkeit. Die Enthaltsamkeit ist niemals Selbstzweck, sondern sie existiert für die Selbsthingabe und für die Annahme des anderen. Daher ist auch in der Berufung zum geweihten Leben die Keuschheit Teil der geistlichen Dynamik der Liebe: der Hirtenliebe des Priesters und des Bischofs, des Liebesdienstes und der Hingabe im Gebet der Ordensleute. Auch für die Geweihten ist die Keuschheit Voraussetzung für Liebe und Fruchtbarkeit. Sie ist die Bereitschaft, dafür zu sorgen, daß im Verzicht auf die natürliche Form der Liebe die eigene Existenz der Ort ist, an dem Christus seine universale Liebe zum Ausdruck bringt.

Die Keuschheit ist also niemals Vollkommenheit der Person als Selbstzweck, sondern sie ist die Tugend, die darauf abzielt, die *Ek-stasis* zu ermöglichen: das Herausgehen aus sich selbst, um die andere Person (oder die anderen Personen) anzunehmen, sich ihr (oder ihnen) hinzugeben und eine wahre Gemeinschaft der Personen zu schaffen. So wird die Liebe, die in der Tugend ihre menschliche Form gefunden hat, zur echten Selbsthingabe und zum aufbauenden Element für die Gemeinschaft zwischen den Personen.

V. Die Pastoral der irregulären Familienverhältnisse

1. Schwierigkeiten und Versuchungen der Seelsorge gegenüber irregulären Verhältnissen

Die christliche Verkündigung und besonders die Seelsorgetätigkeit der Priester erreicht häufig Personen, die Christen zu sein glauben, weil sie getauft sind und vielleicht auch irgendeine Form katechetischer Unterweisung erhalten haben, gleichzeitig aber im Widerspruch zu den ethischen Anforderungen des christlichen Glaubens leben. Sie wenden sich an den Priester mit der Bitte um den Empfang der Sakramente, sind aber oft taub gegenüber der Verkündigung, die sie bereits zu kennen glauben, und stehen den moralischen Anforderungen ablehnend gegenüber, da sie sie für lästig halten und meinen, daß es unmöglich sei, sie zu befolgen. So erliegt man in der Seelsorgepraxis leicht der Versuchung, sich auf zwei Ebenen zu bewegen und den moralischen Aspekt von der Verkündigung zu trennen: Auf der einen Seite relativiert man die Moral, indem man die Auslegung der Vorschriften dem Gewissen des einzelnen überläßt, und auf der anderen Seite flüchtet man sich in ein reines *kerygma,* ohne unsere „Christen" mit den ethischen Konsequenzen zu belasten. Der Hinweis auf diese wird aufgeschoben, manchmal sogar aufgehoben.

Vor allem auf der Ebene der Familien- und Ehemoral gerät all dies jedoch in eine Krise, wenn irreguläre Verhältnisse die volle Teilnahme am sakramentalen Leben unmittelbar verhindern. Dieses Ausgeschlossensein wird als ungerechte Härte und mangelnde Barmherzigkeit empfunden und von den Betroffenen abgelehnt. Manchmal wird es zum Anlaß, jeden Kontakt mit der Kirche endgültig abzubrechen. Für die in der Seelsorge tätigen Priester wird die Versuchung groß, diese „lästigen" kirchenrechtlichen und moralischen Forderungen beiseite zu lassen, sie mit dem Mantel des Schweigens zu bedecken, so zu tun, als ob nichts dabeiwäre, sie zu umgehen und fragwürdige Kompromisse zu finden.

Der Seelsorger kann in diesem Zusammenhang zwei Fehler machen. Er kann darauf verzichten, die Wahrheit zu sagen. Dadurch entstehen Mißverständnisse, und er wird zum Mitschuldigen, da er – im Namen der Fürsorge und des barmherzigen Verständnisses – nicht mehr zur Umkehr aufruft. Den anderen Fehler begeht er, wenn er die Lehre der Kirche als reines „Nein" darstellt, als unüberwindliche Mauer für diejenigen, die in irregulären Familienverhältnissen leben, wobei kein Raum bleibt für das Verständnis und für einen Weg der Umkehr. Man läuft Gefahr zu glauben, alles getan zu haben, wenn man gesagt hat, daß der Empfang der Sakramente mit den Verhältnissen unvereinbar ist, und drängt diese Personen so an den Rand der kirchlichen Gemeinschaft.

2. Das Grundprinzip der Seelsorge: Fürsorge tragen wie Christus, der Gute Hirt

Der Priester darf keine andere Haltung einnehmen als die Jesu, des Guten Hirten, so wie die Kirche sie versteht und lebt. Im Apostolischen Schreiben *Familiaris consortio*, Nr. 65, sagt Johannes Paul II.: „Das pastorale Bemühen der Kirche beschränkt sich nicht nur auf die christlichen Familien in der Nähe, sondern kümmert sich, indem es den eigenen Horizont nach dem Maßstab des Herzens Jesu ausweitet, noch intensiver um alle Familien in ihrer Gesamtheit und vor allem um jene, die sich in einer schwierigen oder irregulären Lage befinden." Die Kirche kann nur in dem Maße Mutter sein, in dem sie treue Braut Christi ist: Ihm gehört die Herde, und er muß sie zu den Weiden des Lebens führen. Sie kann den Gläubigen nicht eine Liebe entgegenbringen, die nicht die Liebe Christi ist, eine rein menschliche Liebe. Und die Gläubigen haben das Recht, von den Priestern, den Dienern der Kirche, jenes Wort und jene Antwort zu erhalten, die nicht Wort und Antwort rein menschlicher Weisheit und Klugheit sind, sondern die Antwort Christi.

Der Priester muß also teilhaben an der Seelsorge des Herrn Jesus, in Gemeinschaft mit der Kirche und nach den Richtlinien derer, die die Verantwortung und die Gabe haben, sie zu leiten. Das biblische Bild vom Guten Hirten ist einfach, aber äußerst bedeutsam: Er ist derjenige, der die Herde nicht nur mit geduldiger und unermüdlicher Liebe „begleitet", sondern der auch „auf die Suche geht" nach dem verlorenen Schaf, der „zum Ziel führt", den Schritt vorgibt, indem er „vorausgeht" und seine Stimme hören läßt. Die Gläubigen haben das Recht, in der Stimme des Priesters die Stimme Jesu, des Guten Hirten zu erkennen. Sie haben das Recht, in ihm nicht die Falschheit des Tagelöhners zu entdecken, dem es nicht um die Schafe, sondern nur um seinen eigenen Vorteil zu tun ist, sondern die Liebe dessen, der für die Schafe sein Leben hingegeben hat, denn nur ihm gehören die Schafe. Dem Priester sind sie lediglich anvertraut. Er wird über sie Rechenschaft ablegen müssen vor dem, der am Ursprung des erhaltenen Auftrags zur Seelsorge steht.

Daher ist die Liebe des Guten Hirten gleichzeitig Liebe zur Wahrheit, mit all ihren Anforderungen, und Liebe zu den Menschen in ihren Nöten und in ihrem Elend, eine einzige und unteilbare Liebe. „Klarheit und Unnachgiebigkeit in den Grundsätzen und Barmherzigkeit gegenüber der menschlichen Schwachheit im Hinblick auf die Reue sind die beiden voneinander untrennbaren Merkmale, die das seelsorgliche Wirken der Kirche kennzeichnen".[1] Es geht hier nicht um gegensätzliche Forderungen, zwischen denen vermittelt werden müßte. Es gibt keine Seelsorge ohne Treue zur Wahrheit, ebenso wie es keine Treue zur Wahrheit gibt, die nicht Seelsorge wäre. Denn nur die Wahrheit (die göttlich und kein Menschenwerk ist) befreit wirklich; nur sie und keine fragwürdigen Kompromisse brauchen die Menschen. Auf der anderen Seite ruft die Wahrheit den Menschen, so wie er ist, zur Umkehr auf und lädt ihn zu einem Weg ein: Sie ist eine persönliche Wahrheit, die jeder Person entgegenkommt und sie umarmt, in welcher moralischen oder kirchenrechtlichen Lage auch immer sie sich befindet.

Nur wenn man in Jesus, der die Wahrheit ist, lebt und ihn täglich persönlich neu entdeckt, kann man die befreiende Tragweite seiner Forderungen entdecken und den Mut haben, sie mit Überzeugung und aus persönlicher Erfahrung heraus anzubieten. Es geht also darum, zur Umkehr aufzurufen und einen graduellen Prozeß der Begleitung und des Wachstums zu fördern. Von der Notwendigkeit einer radikalen Umkehr, einer „Neugeburt", die durch den Tod hindurchführt, können keine Abstriche gemacht werden. Aber es geht darum, diese Umkehr als Öffnung zu einer befreienden Wahrheit darzulegen. Andererseits ist dieses Angebot in erster Linie das Gnadengeschenk einer Begleitung, einer menschlichen Begegnung, das die Personen dort erreicht, wo sie sind, und sie einlädt. Es geht darum zu entdecken, daß die Anforderungen, die dieses Geschenk mit sich bringt, Appelle des Herrn Jesus sind. Der Person oder den Personen muß geholfen werden, den Weg der Umkehr zu finden, den jeder einzelne gehen muß.

Paul VI. sagte:

Wenn nichts von der Heilslehre Christi zu unterschlagen eine hervorragende Ausdrucksform der Liebe ist, so muß dies immer mit Duldsamkeit und Liebe verbunden sein; dafür hat der Herr selbst durch sein Wort und Werk den Menschen ein Beispiel gegeben. Denn obwohl er gekommen war; nicht um die Welt zu richten, sondern zu retten, war er zwar unerbittlich streng gegen die Sünde, aber geduldig und barmherzig gegenüber den Sündern *(Humanae vitae*, Nr. 29).

Die Seelsorge ist wirklich eine Kunst, vor allem eine geistliche Kunst. Sie verlangt die innere und lebendige Koordinierung von Haltungen, die leicht voneinander getrennt und zueinander in Gegensatz gebracht werden können, wenn man den einheitlichen Bezug zu Christus, dem Guten Hirten verliert: die Liebe zur Wahrheit und die Liebe zur Person, die Liebe zu allen Menschen ohne Ausnahme und die besondere Liebe zu den Geringsten und Notleidenden. An dieser Stelle greifen wir noch einmal die Grundsätze der Seelsorge gegenüber irregulären Familienverhältnissen auf, wie das Lehramt der Kirche sie darlegt.

3. Deutliche Orientierungsgrundsätze

Vor allem gibt es *einige Grundsätze*, die zur Orientierung wesentlich sind, Wahrheiten, die ein Licht auf das Gut der Familie und der Personen werfen, Worte des Herrn, die verkündigt werden müssen:

Die Ehe ist eine göttliche und keine menschliche Institution. Sie gehört zur Schöpfungsebene und wurde von Jesus in seinem Heilswerk bestätigt und erhöht: „Habt ihr nicht gelesen, daß der Schöpfer die Menschen am Anfang als Mann und Frau geschaffen hat und daß er gesagt hat: Darum wird der Mann Vater und Mutter verlassen und sich an seine Frau binden, und die zwei werden ein Fleisch sein? Sie sind also nicht mehr zwei, sondern eins. Was aber Gott verbunden hat, das darf der Mensch nicht trennen" (Mt 19,4–6). Die grundlegenden Eigenschaften der Ehe (Einheit, Treue, Unauflöslichkeit, Öffnung zur Zeugung hin) gehören zu ihrer Wahrheit im göttlichen Plan und können nicht vom Menschen manipuliert werden.

Für die Getauften ist die einzige gültige Form der Ehe die kanonische und sakramentale Ehe.

Eine sakramentale Ehe, die gültig zelebriert wurde und die vollzogen worden ist, ist nach göttlichem Recht unauflöslich und kann von keiner menschlichen Autorität gelöst werden. Es obliegt der Kirche zu prüfen, ob eventuell die Bedingungen für die Nichtigkeit gegeben sind. Der Papst kann aus gerechtem Grund eine nichtvollzogene Ehe oder „*in favorem fidei*" eine Ehe zwischen zwei Ungetauften auflosen (Paulinisches und Petrinisches Privileg).

Der einzige angemessene Ort des geschlechtlichen Umgangs ist die Ehe. Hier hat er seinen rechtmäßigen Platz und erhält er seine Würde. Das Zusammenleben zweier getaufter und nicht miteinander verheirateter Personen, das den geschlechtlichen Umgang einschließt, steht im Widerspruch zu den Anforderungen des christlichen Lebens und erregt Anstoß.

4. Nähe, Solidarität und Aktion

Vom Sinn ausgehend kommen wir jetzt zu den Inhalten der Seelsorge gegenüber familiären Verhältnissen, die irregulär sind, also im Widerspruch zu den oben erwähnten Grundsätzen des christlichen Lebens stehen. In *Familiaris consortio* unter der Nr. 77 sind allgemeine Handlungsrichtlinien aufgezeigt (Beistand und Aktion bei kulturellen und strukturellen Schwierigkeiten).

Die erste Form der Seelsorge für Personen, die in irregulären Verhältnissen leben, ist der *Beistand*. Etymologisch bedeutet das vor allem, dem anderen „nahe zu sein", in der schwierigen Situation bei ihm zu sein. Die getrennt lebenden und geschiedenen Eheleute leben oft in Einsamkeit oder Isolierung. Obwohl versucht wird, die Scheidung zu banalisieren, bleibt diese dennoch ein Trauma, ein Bruch in den Beziehungen. Gewöhnlich machen die Betroffenen die Erfahrung der Einsamkeit, die noch schwerer wird durch neue, nicht einfach zu lösende praktische Probleme und die zahlreichen Schwierigkeiten, die Trennung und Wiederverheiratung mit sich bringen. Noch schlimmer wird die Einsamkeit durch die Isolierung, denn durch die Gleichgültigkeit von Verwandten und Nachbarn verfestigt sich die Einsamkeit bis hin zur Ausgrenzung. Nähe und *Solidarität* sind jetzt gefragt. Die Kirche und der Priester müssen in Treue zur Wahrheit und ohne Kompromisse bezeugen, daß kein Mensch jemals der väterlichen Liebe Gottes fernsteht. Man muß ihnen helfen, aus Ausgrenzung, Isolierung und Einsamkeit hinauszugelangen, indem man versucht, Wege aufzuzeigen, die zur Teilnahme am Leben, zum Hören auf das Wort Gottes und zur Umkehr führen.

Beim Umgang mit Personen, die in irregulären Familienverhältnissen leben, muß man die einzelnen Situationen sorgfältig voneinander unterscheiden, aber nicht, um am Ende toleranter zu urteilen. Das würde der vorrangigen und grundlegenden Forderung nach Wahrheit widersprechen. Vielmehr können so die subjektiven Verantwortlichkeiten realistisch eingeschätzt und ein angemessener Weg zur Umkehr angeboten werden. In diesem Bereich ist wirklich jede Situation ein Fall für sich – das gilt nicht nur für die laufende Situation selbst, sondern vor allem für die oftmals komplizierte Geschichte der Person und der Ehe, deren Ergebnis und Zeichen die jeweilige Situation ist. Die Liebe zur Wahrheit verlangt daher eine Reflexion über jeden einzelnen Fall, wie *Familiaris consortio* unter den Nummern 81 und 84 anmahnt.

Fernerhin ist es Aufgabe der Seelsorge, auf die kulturellen und strukturellen Ursachen der Zersetzung von Ehe und Familie einzuwirken. Die kulturellen Ursachen stehen im Zusammenhang mit einer weitverbreiteten Mentalität, die das Wesen der Ehe verfälscht, indem sie Treue lächerlich macht und die Unauflöslichkeit verneint oder sich sogar radikal gegen die Ehe als „Institution" auflehnt. In diesem Zusammenhang ist vor allem eine Vorbeugung gegen Krisen wichtig, durch eine gute Vorbereitung der Verlobten auf die Ehe – nicht nur durch die unmittelbare Ehevorbereitung, sondern bereits durch die

Erziehung der Kinder und Jugendlichen zur Liebe. Hier ist das Zeugnis christlicher Ehepaare und Familien entscheidend, die die jungen Menschen und die Verlobten ebenso wie die jungverheiraten Eheleute begleiten müssen. Fachkundige christlich orientierte Familienberatungsstellen können oft eine notwendige Hilfe sein. Darüber hinaus sind auch strukturelle Ursachen wirtschaftlicher, rechtlicher, sozialer, politischer und anderer Natur vorhanden, die die Stabilität der Familie und das Gleichgewicht der Beziehungen in Frage stellen und die Tendenz begünstigen, sich ehelichen und familiären Pflichten zu entziehen.

5. Das Problem der Trennung

Wir werden nun die einzelnen irregulären Verhältnisse sowie die Grundsätze, nach denen der Seelsorger in einer gegebenen Situation handeln sollte, genauer untersuchen.

An erster Stelle steht das Problem der Ehetrennung, das den Umgang mit *Ehekonflikten* auf den Plan ruft. Ein gewisses Maß an Konflikten ist in der Ehe normal und akzeptabel. Manchmal können Konflikte sogar fruchtbar sein für die Beziehung, weil sie diese auf die Probe stellen und sie zur Vertiefung und zur Erneuerung einladen. Echte Konflikte zwischen zwei Personen sind niemals destruktiv, sondern sie führen zu einer Klärung, einer Reinigung, aus der beide Seiten mit mehr Erfahrung und Kraft hervorgehen. Es gibt jedoch auch pathologische Konflikte, in denen die Verständnisschwierigkeiten Ausmaße annehmen, die außerhalb der Norm liegen. Hier ist es notwendig, die Ursachen des Konflikts mutig anzugehen und seine Beilegung aufrichtig zu wünschen. Das entscheidende moralische Problem ist nicht so sehr die Zuordnung der Verantwortlichkeiten innerhalb des Konflikts, sondern vielmehr die gemeinsame Arbeit an seiner Überwindung. Die Fähigkeit, einander zu vergeben, die aus der Erfahrung des Glaubens und des gemeinsamen Gebets geschöpft wird, ist hier entscheidend. Ebenso entscheidend kann die Unterstützung durch Dritte sein, die dem in die Krise geratenen Paar helfen, das Problem entspannter, umfassender und vertrauensvoller anzugehen und so zur Versöhnung zu finden.

Der Wunsch nach Trennung ist oft die Folge ehelicher Konflikte, die tatsächlich oder aus subjektiver Sicht unüberwindlich sind. Die Ehe schließt die Verpflichtung zum Zusammenleben ein, und dieses kann nur aus schwerwiegenden Gründen vorübergehend aufgehoben werden. Der Trennungswunsch kann moralisch gerechtfertigt (und manchmal sogar moralisch geboten) sein, wenn diese die *extrema ratio* (letzte Möglichkeit) zur Überwindung von Schwierigkeiten darstellt, die für die Eheleute untragbar sind, und zwar im Hinblick auf das Wohl der Eheleute selbst als auch auf das der Kinder. Die Trennung ist auch etwas anderes als die Scheidung, wie die staatlichen Gesetze sie auffaßt, weil sie nicht die Auflösung des Ehebundes mit sich bringt. Dieser bleibt bestehen, einschließlich der Verpflichtung zur Treue, zur gegenseitigen Hilfeleistung etc. Die Einsamkeit, die die getrennten Eheleute erfahren, kann Gelegenheit bieten, von den eigenen unmittelbaren Reaktionen Abstand zu nehmen. Man bekommt Raum, sich daran zu erinnern, wie alles begonnen hat, um so die tieferen Gründe für eine Wiederherstellung der Gemeinschaft zu finden. Der Seelsorger muß in vielerlei Form Sorge tragen, daß getrennt lebende Ehepartner nicht der Versuchung (dem „Bedürfnis") nachgeben, wieder zu heiraten. Johannes Paul II. sagt in *Familiaris consortio* (Nr. 83):

Einsamkeit und andere Schwierigkeiten sind oft die Folge für den getrennten Gatten, zumal wenn er unschuldig ist. Solchen Menschen muß die kirchliche Gemeinschaft ganz besondere Fürsorge zuwenden und ihnen Wertschätzung, Solidarität, Verständnis und konkrete Hilfe entgegenbringen, damit es ihnen möglich ist, auch in ihrer schwierigen Situation die Treue zu bewahren. Man wird ihnen helfen, zu einer Haltung des Verzeihens zu finden, wie sie von der christlichen Liebe geboten ist, und zur Bereitschaft, die frühere eheliche Lebensgemeinschaft gegebenenfalls wieder aufzunehmen.

Besonders wichtig ist eine Hilfe zum Verzeihen, also dazu, die Person des anderen trotz ihrer Fehler und Schuld wieder anzunehmen und so die Möglichkeit zu schaffen, die Beziehung zu erneuern. Es gibt immer mehr Anlaufstellen, die Vermittlung in Ehe- und Familienfragen anbieten und Hilfe leisten bei familiären oder Trennungskrisen. Wenn sie gute Prinzipien besitzen, können sie dabei helfen, die Probleme abzuwägen und ein Gleichgewicht zu finden. Sie können Rat und Hilfe für Lösungen anbieten, die die Bedürfnisse der Kinder und des anderen Ehepartners berücksichtigen, damit die Trennung nicht zum Trauma wird und die Türen offenbleiben für eine eventuelle Versöhnung und Wiederaufnahme des gemeinsamen Lebens.

6. Die nicht wiederverheirateten Geschiedenen

Die Situation derer, die ihre Ehe in einer bürgerlichen Scheidung enden sehen, kann sehr unterschiedlich sein: Einige nehmen eine bürgerliche Scheidung, die sie nicht gewollt haben, als Unrecht auf sich. Andere stimmen der bürgerlichen Scheidung zu, weil sie nur so die ihnen zustehenden Rechte oder die ihrer Kinder wahren können (Sorgerecht für die Kinder, Unterhalt, Vermögensschutz). Andere wiederum sind für die Scheidung verantwortlich; sie entspricht ihrem unmittelbaren Willen.

Die bürgerliche Ehescheidung ist stets ein Übel, weil sie ein Negativzeugnis darstellt gegenüber dem Wert der Unauflöslichkeit der Ehe, vor allem dann, wenn es sich um eine sakramentale Ehe handelt. Auch hat das bürgerliche Scheidungsurteil keinerlei Wert in bezug auf eine sakramentale Ehe. Diese ist auch weiterhin gültig und bleibt in allen ihren moralischen und kirchenrechtlichen Ansprüchen erhalten. Im Bewußtsein dieser Tatsachen muß Folgendes gesagt werden:

– Wer schuldlos eine Scheidung, die er nicht gewollt hat, auf sich nimmt, der begeht nicht nur keine Sünde, sondern er gibt, wenn er dem Ehebund treu bleibt und stets offen ist gegenüber einer eventuellen Versöhnung, sogar ein Zeugnis von besonderem Wert vor der Welt und vor der Kirche.

– Wer der bürgerlichen Ehescheidung aus gültigem Grund zustimmt und einen öffentlichen Skandal vermeidet, der begeht keine Sünde und ist angehalten, Zeugnis zu geben von seiner Treue zum Ehebund, der erhalten bleibt.

– Wer ohne einen solchen Grund und vielleicht sogar aus eigener Schuld die bürgerliche Ehescheidung gewollt und diese erlangt hat, hat eine Sünde begangen, kann aber das begangene Unrecht bereuen und muß dann versuchen, es wiedergutzumachen.

So kann ein nicht wiederverheirateter Geschiedener die Sakramente empfangen; wer die Scheidung gewollt und erlangt hat, muß dies aufrichtig bereuen und das begangene Unrecht soweit wie möglich wiedergutmachen. Insbesondere muß er den Priester davon in Kenntnis setzen, daß er, auch wenn er die bürgerliche Ehescheidung erlangt hat, sich als vor Gott ehelich gebunden betrachtet, und daß er zwar jetzt aus gültigem Grund getrennt lebt, jedoch seiner Treuepflicht sowie seiner Pflicht zur Unterstützung und Erziehung der Kinder nachkommt. In diesem Fall kann er zu den Sakramenten zugelassen werden.

7. Die standesamtlich wiederverheirateten Geschiedenen

Besonders schwierig ist die Situation der Getauften, die in einer gültigen sakramentalen Ehe an einen Partner gebunden sind, nach einer bürgerlichen Ehescheidung aber eine andere, standesamtliche Ehe eingegangen sind. Vor allem muß sehr deutlich hervorgehoben werden, daß sie objektiv im Widerspruch zum Evangelium leben, das eine einzige und unauflösliche Ehe verkündigt und fordert. Die neue Verbindung steht also im Widerspruch zum Gebot Christi und zur Lehre der Kirche. Sie befinden sich objektiv „im Stand der Sünde" und in offenem Widerspruch zu den Anforderungen ihrer Taufe. Solange sie in diesem Stand verharren, können sie also nicht die Sakramente der Versöhnung und der Eucharistie empfangen. Ihre Lebenssituation kann sehr verschiedene Gründe haben, und gewiß kann der Grad der moralischen Verantwortlichkeit sehr unterschiedlich sein. Nur Gott ist Richter der Herzen und kennt die Verantwortung eines jeden Menschen. Dennoch ist bei ihnen ein objektiver und öffentlicher Stand gegeben, der im Widerspruch steht zu den Anforderungen des Glaubens, und daher besteht keine volle Gemeinschaft mit der Kirche.

Sie sind und bleiben kraft ihrer Taufe jedoch Christen und Glieder des Gottesvolkes. Auch wenn sie nicht an der Fülle der kirchlichen Gemeinschaft teilhaben, so bleiben sie doch weiterhin Kinder der Kirche und sind von dieser nicht vollkommen ausgeschlossen. Sie müssen daher eingeladen werden, sich als nicht von der Kirche getrennt zu empfinden und an deren Leben aktiv teilzunehmen, in Formen, die mit ihrem Stand vereinbar sind: Hören auf das Wort Gottes, Gebet, Teilnahme an der Messe, ohne jedoch die Eucharistie zu empfangen, tätige Nächstenliebe und Erziehung der Kinder. Sie können aber in der kirchlichen Gemeinschaft nicht solche Dienste übernehmen, die die Fülle des christlichen Zeugnisses verlangen, wie liturgische Dienste (z. B. das Lektorenamt), den katechetischen Dienst, das Amt des Taufpaten. Sie können auch nicht an den Gemeinderatssitzungen teilnehmen.

Zum Sakrament der Versöhnung können sie nicht zugelassen werden, weil die Voraussetzung für die Reue nicht gegeben ist (diese erfordert die Absage an die Sünde und den Vorsatz, sie nicht wieder zu begehen). Der Eucharistieempfang ist nicht möglich, da ihre Lebenssituation in objektivem Widerspruch zum eucharistischen Sakrament der treuen und unauflöslichen Liebe zwischen Christus und der Kirche steht und da ihre Teilnahme für die anderen Gläubigen ein Skandal wäre. Das Ausgeschlossensein vom sakramentalen Leben sollte als Einladung zur Umkehr verstanden werden, also zu einem Weg der Rückkehr zur ganzheitlichen Treue gegenüber den Pflichten der ehelichen Berufung. Der Priester hat die Aufgabe, die Anforderungen der Wahrheit als Aufruf zur Umkehr zu vermitteln, wobei ein gradueller persönlicher Reifeprozeß nicht ausgeschlossen ist.

Es gibt Situationen, in denen die wiederverheirateten Geschiedenen die zerbrochene Ehegemeinschaft nicht wieder herstellen können und darüber hinaus in der neuen Familie, in die sie eingebunden sind, echte moralische Verpflichtungen besitzen (zum Beispiel die Pflicht, für Kinder, die aus der zweiten Verbindung hervorgegangen sind, zu sorgen und sie zu erziehen, oder die Beistandspflicht gegenüber der Person, mit der man die zweite, standesamtliche Ehe eingegangen ist). Für diesen Fall gibt *Familiaris consortio* (Nr. 84) die Bedingungen vor, unter denen die wiederverheirateten Geschiedenen eventuell wieder zum Empfang der Sakramente zugelassen werden können. Das ist dann möglich, wenn sie wirklich bereuen, das Zeichen des Bundes und der Treue zu Christus verletzt zu haben. Sie müssen die Situation, die im Widerspruch zur Unauflöslichkeit der Ehe und zu den daraus erwachsenden Pflichten steht, hinter sich lassen, indem sie versprechen, sich der geschlechtlichen Akte zu enthalten, die zur Ehe gehören. Die geschiedenen und wiederverheirateten Eheleute können zum Empfang der Sakramente zugelassen werden, wenn

a) die bestehende Situation aus objektiven und schwerwiegenden Gründen nicht wieder rückgängig gemacht werden kann (wenn es aufgrund moralischer Verpflichtungen notwendig ist, in der zweiten Verbindung zu bleiben),

b) der Ehepartner verspricht, in der zweiten Verbindung auf den Geschlechtsakt zu verzichten, mit dem zweiten Partner „wie Bruder und Schwester" zusammenzuleben und die Beziehung in eine Freundschaft umzuwandeln, und

c) ein Skandal vermieden wird (ein Anschein der Sünde, der andere zum Irrtum und zur Sünde verleitet).

Eine solche Situation muß als Situation betrachtet werden, die Gelegenheit zur Sünde bietet. Sie müßte normalerweise vermieden werden, aber man kann und muß manchmal sogar in dieser Situation aushalten, wenn verhältnismäßig schwerwiegende Gründe vorliegen. Eine so extreme Lösung bedarf der Begleitung, damit sie in Ehrlichkeit und Aufrichtigkeit reifen kann, denn „man kann mit Gott kein Spiel treiben".

8. Die pastoralen Lösungen bezüglich des „internen Forums" und des Gewissens

Im Herbst 1993 haben einige deutsche Bischöfe der Oberrheinischen Kirchenprovinz eine Lösung „im internen Forum" für die geschiedenen und wiederverheirateten Eheleute vorgeschlagen, die zur Gewissensüberzeugung der Nichtigkeit ihrer ersten Ehe gekommen sind: Sie sollten die Eucharistie empfangen können. Dieser Vorschlag wurde 1994 von der Kongregation für die Glaubenslehre abgelehnt, und zwar aus einer Reihe von Gründen lehrmäßigen und kirchenrechtlichen Charakters.

Erstens kann die Beurteilung der Nichtigkeit eines sakramentalen und öffentlichen Akts wie der Ehe nicht Gegenstand einer subjektiven Gewissensentscheidung sein. Nur das externe Forum des kirchlichen Gerichts ist hier kompetent. Zweitens hat die Gewissensüberzeugung der Nichtigkeit der Ehe, nach den neuen Bestimmungen der kirchlichen Gerichte, auch in den Prozessen Relevanz. Drittens kann es nicht das Gewissen sein, das über die Bedingungen für den Zugang zu einem sakramentalen Akt der Kirche, wie es die Eucharistie ist, entscheidet. Aufgabe des Gewissens ist es vielmehr, die eigene persönliche Situation gegenüber den objektiven Kriterien, die durch die Autorität der Kirche festgelegt sind, zu prüfen.

Kardinal Ratzinger hat seinerzeit, um diese Probleme in Angriff zu nehmen, Seelsorgern und Fachleuten zwei Fragen zur Vertiefung unterbreitet: a) die eventuelle Möglichkeit, die Ehenichtigkeitsverfahren der Zuständigkeit der Diözesen oder der Kirchenprovinzen zu übertragen, ohne alle notwendigerweise vom Heiligen Stuhl abhängig zu machen; b) die Frage der sakramentalen Gültigkeit einer Ehe zwischen zwei Getauften, die nicht mehr gläubig sind oder es nie waren. Als Papst ist er später noch einmal darauf zurückgekommen, in einer Begegnung mit dem Klerus der Diözese Aosta, die am 25. Juli 2005 in Introd stattgefunden hat.

Diesen Thematiken kann nicht mit individuellen und empirischen Lösungen begegnet werden. Sie bedürfen einer genauen Untersuchung durch Fachleute und verlangen Entscheidungen, die nur der Autorität der Kirche zustehen können.

9. Die nur standesamtlich Verheirateten

Die nur standesamtlichen Verbindungen sind für die Kirche nicht akzeptabel, auch wenn die öffentliche Verpflichtung auf einen Lebensstand, die den Willen zur Stabilität zum Ausdruck bringt, ein positiv zu bewertender Aspekt ist. Für die Katholiken ist die einzige gültige Form der Ehe, die sie vor dem Herrn zu Mann und Frau macht, die sakramentale Ehe, für deren gültige Feier die kanonische Form verlangt wird, die das Konzil von Trient festgelegt hat. Auch die nur standesamtlich verheirateten Katholiken können nicht zur sakramentalen Lossprechung und zur Eucharistie zugelassen werden.

Der Bitte um eine kirchliche „Legalisierung" irregulärer Verhältnisse darf jedoch nicht übereilt und in rein bürokratischer

Form stattgegeben werden. Sie muß vielmehr einem wirklichen Verständnis der Bedeutung des Sakraments und einer Umkehr entsprechen. Daher ist über die ausdrückliche Erlaubnis des zuständigen Bischofs hinaus auch eine entsprechende Vorbereitung und Begleitung notwendig.

10. Die unehelichen Lebensgemeinschaften

Das „freie" Zusammenleben und die faktischen Lebensgemeinschaften nehmen aus verschiedenen Gründen zu. Diese Gründe müssen in jedem einzelnen Fall aus seelsorglicher Warte untersucht werden: Steht eine Ablehnung der Institution der Ehe dahinter oder eher Unsicherheit und der Wunsch nach einer Probezeit, oder gibt es vielleicht wirtschaftliche oder soziale Hintergründe? Trotz des gebotenen Verständnisses für persönliche Schwierigkeiten und Unreife muß deutlich erkannt werden, daß derartige Formen des Zusammenlebens dem tiefen Sinn der ehelichen Liebe widersprechen. Diese setzt eine völlige und rückhaltlose Selbsthingabe voraus, das Versprechen immerwährender Treue sowie gesellschaftliche und öffentliche Anerkennung und Legitimierung, sowohl auf staatlicher als auch auf kirchlicher Ebene. Solange zwei Partner unehelich zusammenleben, können auch sie nicht die Sakramente empfangen. Es fehlt ihnen nämlich jene grundlegende „Umkehr", die notwendig ist, um die Gnade des Herrn zu empfangen.

Hier ist vor allem Vorbeugung notwendig. Die jungen Menschen müssen gut darauf vorbereitet werden, den Wert der Ehe zu erkennen. Ihre Freiheit muß auf eine endgültige Bindung hin ausgerichtet werden. Ihr Weg muß begleitet sein von konsequenten und freudigen Zeugnissen der Ehe und des geweihten Lebens. Unehelich zusammenlebende Menschen dürfen keine Zurückweisung erfahren, vor allem in Anbetracht der Schwachheit, der die Freiheit des heutigen Menschen unterworfen ist, sowie der Beeinflussung durch das soziale Umfeld. Vielmehr muß man ihnen nahe sein und sie mit Geduld und Liebe zu einer Umkehr und zur Annahme von Gottes Plan über die menschliche Liebe führen. Der Empfang der Sakramente durch ihre Kinder und die Katechese können Gelegenheit bieten, mit Behutsamkeit und Offenheit einen solchen Weg zu beginnen.

11. Schluß: „Die menschliche Liebe lieben"

Die heute so weitverbreiteten irregulären Familienverhältnisse sind Ausdruck der Schwachheit und Labilität der menschlichen Freiheit, die infolge der Sünde allein kaum in der Lage ist zu lieben. Die heutigen sozialen und kulturellen Verhältnisse fördern diese Labilität auf geradezu dramatische Weise. Und dennoch ist die auf der unauflöslichen Ehe gründende Familie wesentlich für die Zukunft des Menschen! Sie ist auch die wesentliche Keimzelle der Kirche: Sie ist, nach *Lumen gentium* (Nr. 11), eine „kleine Hauskirche". Der Priester muß „die menschliche Liebe lieben", auch und gerade in ihrer Schwachheit.

Der Priester ist der Diener Christi, des Arztes und Guten Hirten. Er weiß, daß er in der Familienseelsorge keine menschlichen Kompromisse eingehen darf, sondern vielmehr auf die Gnade vertrauen muß, die der Herr stets gewährt, damit die christlichen Eheleute so leben können, wie es ihrer hohen Berufung zur Liebe entspricht.

DEN *UNTERSCHIED* ACHTEN

Der Unterschied zwischen Mann und Frau ist die anthropologische Gegebenheit, durch die das verwirklicht werden kann, was im ursprünglichen Schöpfungsplan Gottes dem hochzeitlichen Geheimnis zugrunde liegt: die ergänzende Einheit von Mann und Frau und die Fruchtbarkeit der geschlechtlichen Liebe. Die Genderideologie und das Problem der Homosexualität, die die Relevanz des Unterschiedes für die geschlechtliche Identität in Frage stellen, verlangen eine aufmerksame Reflexion über die verschiedenen Situationen. Es muß unterschieden werden zwischen der Achtung, die allen Personen entgegengebracht werden muß, und einem Urteil über das Handeln, die Lebensgestaltung und die vorgeschlagenen kulturellen und juridischen Modelle.

VI. Moralische Kriterien zur Beurteilung der Homosexualität

Die heftige öffentliche Debatte um die Homosexualität berührt den Unterschied auf verschiedenen Ebenen. Oft wird Homosexualität undifferenziert gesehen, und die Verwirrung, die daraus entsteht, wird auch durch eigennützige Interessen gefördert. Nur selten wird getrennt zwischen den komplexen psychologischen Problemen, die die homosexuell orientierte Persönlichkeit kennzeichnen, und den Fragen, die die „Gay"-Kultur und ihre Lebensstile betreffen. Noch seltener unterscheidet man zwischen dem rechtmäßigen Anspruch der Person auf Nichtdiskriminierung und der Forderung nach einer vollen öffentlichen Legitimierung homosexueller Lebensgemeinschaften. Jeder Person muß Achtung entgegengebracht werden. Diese darf niemals nur mit ihrer geschlechtlichen Orientierung identifiziert werden. Aber der positive Aspekt der Achtung und die Entdeckung der tiefgreifenden Einflüsse psychosozialer Natur, die der Homosexualität zugrunde liegen, werden auf eine Ebene gestellt mit anderen kulturellen Faktoren. Infolgedessen wächst die Verunsicherung und wird die Fähigkeit, objektive moralische Kriterien zur Beurteilung der Homosexualität zu finden, gleichsam eingetrübt. Der Verlust des wahren normativen Wertes der menschlichen Natur und die daraus folgende Subjektivierung des moralischen Bewußtseins fallen zusammen mit einer Erotisierung der Kultur und mit einer Überbetonung des Rechts auf geschlechtliche Lust. Dabei wird zuerst die individuelle Freiheit verherrlicht und dann paradoxerweise behauptet, daß die Person von ihren Trieben bestimmt ist. Jegliche Forderung nach einer Regelung wird abgelehnt.

In diesem Kapitel werden wir das Problem in drei Ebenen unterteilen. Zunächst werden wir die Leitlinien für eine objektive moralische Beurteilung der *homosexuellen Handlungen* aufzeigen. An zweiter Stelle wird eine Untersuchung der *subjektiven Konditionierungen* stehen. Zuletzt werden wir uns einigen Herausforderungen zuwenden, die die „*Gay"-Kultur* an uns stellt.

1. Die homosexuellen Handlungen

Die Wahl, bei der *Beurteilung der homosexuellen Handlungen* zu beginnen, liegt darin begründet, daß unsere Betrachtung aus einer moralischen Perspektive heraus stattfindet. Für eine Beurteilung im Sinne von moralisch gut oder schlecht ist es notwendig, den freien Willen der Person, die sich durch Entscheidungen selbst bestimmt, ins Spiel zu bringen. Die Moral handelt nämlich von dem, was der persönlichen Freiheit entspringt, also von den menschlichen Handlungen, die „als freie Wahlakte in sittlicher Hinsicht die Person selbst, die sie vollzieht, qualifizieren und ihr geistiges Tiefenprofil bestimmen" (vgl. *Veritatis splendor*, Nr. 17).

Die homosexuellen Handlungen gehören also in das Feld der moralischen Überlegungen, insofern und wenn sie *freie Wahlakte* sind. Die psychologischen Konditionierungen der Freiheit hingegen werden wir in einem zweiten Moment untersuchen, insofern sie eine Minderung der moralischen Verantwortung der Person oder auch eine Herausforderung für diese darstellen.

Wie jedes menschliche Handeln, so müssen auch homosexuelle Verhaltensweisen vor allem durch „objektive Kriterien, die sich aus dem Wesen der menschlichen Person und ihrer Akte ergeben" beurteilt werden *(Gaudium et spes,* Nr. 51). Es handelt sich um „die Prinzipien der sittlichen Ordnung, die aus dem Wesen des Menschen selbst hervorgehen und die volle Entfaltung und die Heiligung des Menschen betreffen" *(Persona humana,* Nr. 4). Denn „das Handeln ist sittlich gut, wenn die der Freiheit entspringenden Wahlakte mit dem wahren Gut des

Menschen übereinstimmen", nach dem weisen Plan Gottes und nach seinen Geboten, die der „Weg zum Leben" sind *(Veritatis splendor,* Nr. 72).

Die kirchliche Tradition der Moral, die auf dem Licht der Offenbarung und der natürlichen Vernunft gründet, hat stets unmißverständlich gesagt, daß „der Gebrauch der Geschlechtskraft nur in der rechtsgültigen Ehe seinen wahren Sinn und seine sittliche Rechtsmäßigkeit erhält" *(Persona humana,* Nr. 5). Die menschliche Geschlechtlichkeit gehört nämlich zum ursprünglichen und guten Schöpfungsplan Gottes, der Mann und Frau in ihrem gegenseitigen Ergänzungsbedürfnis berufen hat, Abbild seiner eigenen Liebe und verantwortliche Mitarbeiter in der Zeugung neuer Personen zu sein. Im leiblichen Geschlechtsakt sind also objektive Bedeutungen eingeschrieben, die zugleich dazu aufrufen, das moralische Gut der Person zu verwirklichen. Für das Zweite Vatikanische Konzil liegt der Wert der Vorschriften zur Ehemoral eben darin, daß sie darauf ausgerichtet sind, dem Geschlechtsakt „sowohl den vollen Sinn gegenseitiger Hingabe als auch den einer wirklich humanen Zeugung in wirklicher Liebe zu wahren" *(Gaudium et spes,* Nr. 51).

Durch die Symbolik des Geschlechtsunterschiedes, der ihre Leiblichkeit kennzeichnet, sind der Mann und die Frau berufen, zwei miteinander verbundene Werte umzusetzen: (1) die Selbsthingabe und die Annahme des anderen in einer unauflöslichen Gemeinschaft *(„una caro")* und (2) die Öffnung zur Weitergabe des Lebens. Nur im Rahmen der legitimen Ehe werden diese Werte, die zur Geschlechtlichkeit gehören, angemessen geachtet und verwirklicht.

Wenn wir jetzt das homosexuelle Handeln unter diese objektiven Kriterien stellen und es mit der heterosexuellen ehelichen Beziehung vergleichen, dann wird der innere Widerspruch zu den oben genannten Bedeutungen deutlich. Erstens *fehlt* der homosexuellen Verhaltensweise *jener vereinigende Sinn,* in dem „eine wahre Selbsthingabe" stattfinden kann. Nur im ehelichen

Geschlechtsakt zwischen Mann und Frau kann durch die gegenseitige Ergänzung, deren Grundlage der Geschlechtsunterschied ist, im „einen Fleisch" eine Gemeinschaft von Personen entstehen, die zusammen ein und dasselbe Zeugungsprinzip darstellen. Die Selbsthingabe und die Annahme des anderen sind real, weil sie auf der Anerkennung der *Andersartigkeit* und auf der *Ganzheitlichkeit* der Geste, durch die sie zum Ausdruck gebracht werden, gründen. Die leibliche Hingabe ist das reale Zeichen der Hingabe auf personaler Ebene. Bei der Begegnung der einen Person mit der anderen wird die Symbolik des Leibes mit seinen Geschlechtsmerkmalen geachtet. Daher ist sie wahre Selbsthingabe und wahre Annahme des anderen, in einer einheitlichen Geste, die bewußt die ganze Person mit Seele und Leib einbezieht.

In der homosexuellen Handlung dagegen kann jene wahre Reziprozität, die die Selbsthingabe und die Annahme des anderen möglich macht, nicht verwirklicht werden. Da die gegenseitige Ergänzung fehlt, bleibt jeder der Partner in sich selbst verschlossen und erlebt den Kontakt mit dem Körper des anderen als individuelle Lust. Gleichzeitig birgt das homosexuelle Handeln auch die Illusion einer scheinbaren Intimität in sich, die man zwanghaft sucht und nie findet.[1] Der andere ist nicht wirklich ein „anderer", er ist dem Selbst ähnlich. Er ist in Wirklichkeit nur ein Spiegelbild des Selbst, das gerade dann, wenn man die Begegnung sucht, die eigene Einsamkeit bestätigt. Dies ist jener pathologische „Narzißmus", den die Untersuchungen vieler Psychologen (L. Ovesey, O. F. Kernberg, T. Anatrella) in der homosexuellen Persönlichkeit anprangern. Daher bringt das homosexuelle Leben meist eine große Instabilität und Promiskuität mit sich. Der Vorschlag zu einer Förderung „dauerhafter" institutionalisierter Lebensgemeinschaften, wie er von einigen vorgebracht wird, erscheint daher sehr unrealistisch.

Zweitens ist das homosexuelle Handeln natürlich auch *nicht offen für den prokreativen Sinn* der menschlichen Geschlechtlichkeit. Beim Geschlechtsakt des Ehepaares ist ihre gegenseitige leibliche Hingabe und Annahme auf ein größeres Gut hingeordnet, das die beiden Partner übersteigt: auf jenes neue Leben, das aus ihrer Vereinigung entstehen kann und für das sie Sorge tragen müssen. Die Logik der Liebe erfordert dieses größere Gut und diese Transzendenz. Ohne sie läuft das geschlechtliche Handeln Gefahr, sich in sich selbst zurückzuziehen, zum reinen Luststreben und buchstäblich unfruchtbar zu werden.

Durch die Öffnung zur Zeugung hin wird der intime Akt der Eheleute in die Zeit und in die Geschichte, in das Sozialgefüge eingebunden. Die homosexuelle Handlung hingegen besitzt keine Wurzeln in der Vergangenheit und ist auf keine Zukunft hin ausgerichtet; sie fügt sich nicht in die Gemeinschaft und in die Generationenabfolge ein. Sie ist blockiert in einem *„pointillisme esthétique"*,[2] einem irrealen Augenblick außerhalb der Zeit und der sozialen Verantwortung. Von „geistiger Fruchtbarkeit" der Homosexualität zu sprechen, würde bedeuten, den positiven Aspekt, den jede wahre Freundschaft in sich trägt – zu der auch homosexuelle Personen fähig sein können –, zu Unrecht den homosexuellen Handlungen zuzuschreiben. Diese sind auch psychologisch von einer frustrierenden Unfruchtbarkeit geprägt. Psychologen mit großer klinischer Erfahrung bestätigen, daß männliche Homosexuelle häufig keinen geschlechtlichen Umgang mehr miteinander haben können, wenn zwischen ihnen eine tiefe und wahre persönliche Freundschaft entsteht (J. Keefe). Auf seelsorglicher Ebene muß diese Entwicklung gefördert werden.

2. Die homosexuelle Neigung und die homosexuelle Veranlagung

Durch psychologische Untersuchungen zur Homosexualität konnte eine Verbindung hergestellt werden zwischen dem Verhalten auf geschlechtlich-genitaler Ebene und tieferen Vorgängen, die mit der psychosexuellen Identität der Person zusammenhängen. Das ist sehr wichtig, um das Phänomen zu deuten und den Grad der Freiheit und somit der moralischen Verantwortung des Subjekts zu bestimmen. Neben der vorübergehenden und episodenhaften Homosexualität, bei der die Freiheit bei der Wahl des Verhaltens nahezu vollkommen ist, gibt es andere Typologien der homosexuelle Orientierung, die Symptome eines Identitätsproblems oder sogar einer Zwangshandlung zeigen (J. Keefe). Am Ursprung dieser Orientierungen scheinen nicht so sehr biologische Gegebenheiten als vielmehr Fehler im Prozeß der psychosexuellen Identifikation zu liegen (E. R. Moberly, G. Van der Aardweg). Diese führen dazu, in der homosexuellen Beziehung eine Scheinantwort auf ein tatsächlich vorhandenes Problem zu suchen, das durch fehlende Identifizierung mit dem gleichgeschlechtlichen Elternteil verursacht wird. Es gibt therapeutische Erfahrungen und Programme, die zeigen, daß es in vielen Fällen möglich ist, die grundlegende heterosexuelle Identität wiederzuerlangen, auf jeden Fall aber die Fähigkeit zur Selbstbeherrschung gegenüber der homosexuellen erotischen Tendenz (J. F. Harvey).

Für eine moralische Beurteilung ist es also wichtig, auf der Grundlage dieser psychologischen Untersuchungen zwischen der *homosexuellen Veranlagung* und dem *homosexuellen Handeln* zu unterscheiden, wie es auch zwei Dokumente der Kongregation für die Glaubenslehre tun: *Persona humana*, vom 29. Dezember 1975 (Nr. 8), und *Homosexualitatis problema*, vom 1. Oktober 1986 (Nr. 3). Die homosexuellen Handlungen müssen als in sich selbst ungeordnet qualifiziert werden, da sie ihren wesentlichen und unverzichtbaren Zweck nicht erfüllen. Dagegen kann die homosexuelle Orientierung, soweit sie nicht Frucht moralisch verwerflicher freier Entscheidungen ist, nicht als moralische Schuld definiert werden, für die die Person Verantwortung trägt.

Wie soll man also die homosexuelle Veranlagung beurteilen, die die Person auf erotische Beziehungen mit gleichgeschlechtlichen Personen hin orientiert? Das Schreiben *Homosexualitatis problema* betont zwar ausdrücklich, daß diese Veranlagung nicht als Sünde bezeichnet werden kann, definiert sie jedoch als *„objektiv ungeordnet"* (Nr. 3). Diese Definition hat zu einer Polemik geführt; die Kirche wurde angeklagt, auf diese Weise eine Diskriminierung der Homosexuellen zu sanktionieren. In Wirklichkeit geht es jedoch nicht darum, den Personen eine moralische Schuld zuzuschreiben. Aber die homosexuelle Orientierung kann in dem Ausmaß, in dem sie eine mehr oder minder starke Veranlagung zu einem Verhalten darstellt, das vom moralischen Gesichtspunkt her in sich verwerflich ist, nicht vereinfachend als neutral oder als gut bezeichnet werden. Einige haben nämlich aus dieser falschen Annahme gefolgert, daß bei Homosexuellen, deren Orientierung wirklich irreversibel ist, auch die Geschlechtsakte innerhalb einer durch gegenseitige Liebe geprägten Beziehung moralisch vertretbar seien.

Die Definition, die das Konzil von Trient von der Begehrlichkeit gegeben hat,[3] liefert einen hermeneutischen Schlüssel zum Verständnis der objektiven Unordnung der homosexuellen Veranlagung. Die Begehrlichkeit ist danach keine Sünde im eigentlichen Sinne und wird vom Apostel Paulus nur insofern Sünde genannt, als sie *„ex peccato est et ad peccatum inclinat"* (aus der Sünde stammt und zur Sünde neigt). Wie auch im Falle vieler anderer negativer Konditionierungen (z. B. Egoismus, Herrschsucht, Geiz, Kleptomanie, Sadismus, Pyromanie usw.), können der menschlichen Freiheit ungeordnete Neigungen vorausgehen, die in den einzelnen Personen unterschiedliche Form und Stärke annehmen. Sie sind in sich selbst keine Sünde. Sie entspringen jedoch der Sünde, zumindest der Erbsünde, wenn auch nicht unbedingt persönlicher Schuld. Vor allem veranlassen diese Neigungen zur Sünde.

Im Lichte des Glaubens muß diese Herausforderung einer negativen Konditionierung der Freiheit als Teilhabe am Leiden und als Prüfung betrachtet werden, in Solidarität mit der in Adam gefallenen Menschheit. Sie kann jedoch, zusammen mit dem siegreichen Kreuz Christi und im persönlichen asketischen Kampf, eine Gelegenheit zur Heiligung und zum verdienstvollen aktiven Mitwirken an der Erlösung werden.[4]

Die Bewußtmachung der komplexen Konditionierungen, die die homosexuelle Veranlagung mit sich bringt, erfordert daher eine große Vorsicht bei der Beurteilung der persönlichen Verantwortung in bezug auf das Handeln. Trotz aller Schwierigkeiten wäre es aber dennoch ein schwerer Verstoß gegen ihre Würde, wenn man den homosexuellen Personen die Grundfreiheit absprechen würde *(Homosexualitatis problema,* Nr. 11). *Veritatis splendor* hat daran erinnert, daß „uns der Herr zusammen mit den Geboten die Möglichkeit schenkt, sie zu befolgen. ... Die Befolgung des Gesetzes Gottes kann in bestimmten Situationen schwer, sehr schwer sein: niemals jedoch ist sie unmöglich" (Nr. 102). Die Kirche hat die pastorale Aufgabe, ihren Kindern, die sich in einer solchen Lage befinden, die Fürsorge entgegenzubringen, die sie brauchen und auf die sie ein Recht haben, in der Überzeugung, daß „nur das, was wahr ist, letztlich auch pastoral sein kann" *(Homosexualitatis problema,* Nr. 15).

3. Die „Gay-Kultur"

Ein ganz anderer Aspekt des Problems ist die sogenannte „Gay-Kultur". Der Begriff „Gay" ist heute sehr politisiert und bezeichnet nicht einfach nur eine Person mit homosexueller Orientierung. Vielmehr bringt er zum Ausdruck, daß diese Person sich öffentlich zu einem homosexuellen „Lebensstil" bekennt und sich dafür einsetzt, daß dieser von der Gesellschaft als rechtmäßig anerkannt wird. Der zu Recht geführte Kampf gegen Beleidigung und Diskriminierung, die die Grundrechte der Person verletzen, darf nicht mit dieser Forderung verwechselt werden. Die öffentliche Rechtfertigung und Verherrlichung der Homosexualität wird nämlich systematisch vorangetrieben. Es soll zunächst versucht werden, die Homosexualität vollkommen gesellschaftsfähig zu machen, um dann durch wachsenden Druck Gesetzesänderungen herbeizuführen, die den homosexuellen Lebensgemeinschaften dieselben Rechte geben wie der Ehe, bis hin zum Recht auf Adoption.

Auf gesellschaftlicher Ebene muß die Achtung jeder Person gefördert werden, auch wenn deren privates Verhalten moralisch fragwürdig ist. Es kann nicht verlangt werden, daß das bürgerliche Recht moralische Normen für das Privatleben aufstellt. Der Staat kann jedoch nicht darauf verzichten, die Förderung und den Schutz der auf der Ehe zwischen einem Mann und einer Frau gründenden Familie als wesentlichen Teil des Gemeinwohls anzuerkennen. Ein Staat, der auf diesen seinen vorrangigen Seinsgrund verzichtet, gefährdet das Gemeinwohl der Gesellschaft und zerstört letztlich das gesunde Sozialgefüge, das durch seine Offenheit für das Leben und durch die gute Erziehung der jungen Generationen die Voraussetzung ist für ein harmonisches Zusammenleben und letztlich für das Weiterbestehen der menschlichen Zivilisation selbst.

Der Geschlechtsunterschied ist alles andere als eine Grundlage für Diskriminierung. Er ist die Voraussetzung für eine personale Beziehung, die eine Berufung in sich trägt und den Menschen über jeden narzißtischen Individualismus hinaus zur größeren Gemeinschaft hin öffnet.[5]

VII. Zur „objektiven Unordnung" der homosexuellen Veranlagung. Theologisch-anthropologische Reflexionen

Eine der wichtigsten Änderungen, mit denen die *Corrigenda* der offiziellen lateinischen Ausgabe des *Katechismus der Katholischen Kirche* von 1997 die ersten neusprachlichen Fassungen von 1992 revidierten, betraf das Thema der Homosexualität. In den ersten Reaktionen, bei denen andere moralische Themen im Mittelpunkt standen – wie die Todesstrafe, das Recht auf Verteidigung und die Organtransplantation – fand diese Änderung kaum Beachtung, obgleich sie sehr wichtig ist. Unter der Nr. 2358 war ursprünglich die Rede von einer „angeborenen homosexuellen Veranlagung" bei einer nicht unbedeutenden Zahl von Männern und Frauen, und es wurde gesagt, daß sie diese Veranlagung nicht selbst „gewählt" hätten. Der revidierte Text beschränkt sich jedoch darauf, diese Veranlagung als *„tief verwurzelt"* zu bezeichnen, ohne zu sagen, daß sie angeboren oder nicht gewählt sei. Er erklärt jedoch, daß „diese Veranlagung objektiv ungeordnet ist". So stimmen die Aussagen des *Katechismus* genauer überein mit dem *Schreiben an die Bischöfe der katholischen Kirche bezüglich der Seelsorge gegenüber homosexuellen Personen* (vgl. Nr. 3), das die Kongregation für die Glaubenslehre am 1. Oktober 1986 veröffentlicht hatte.

Welche Tragweite besitzt diese Aussage? Ohne sofort auf die Problematiken moralischer Natur einzugehen, sollen hier einige Überlegungen auf der Ebene der theologischen Anthropologie unterbreitet werden, die verständlich machen, was mit der „objektiven Unordnung" der homosexuellen Veranlagung bezeichnet wird.

123

1. Die homosexuelle Veranlagung als „objektiv ungeordnet"

Um die Lehre der katholischen Kirche zur Homosexualität zu beschreiben, genügt es nicht zu sagen, daß (1) die homosexuellen Handlungen in sich ungeordnet sind, da sie ihrer wesentlichen und unentbehrlichen Zielsetzung beraubt sind,[1] und daß (2) den homosexuellen Personen auf jeden Fall mit Achtung, Mitleid und Takt zu begegnen ist und man sie nicht in irgendeiner Weise ungerecht zurücksetzen dürfe.[2] Es muß auch gesagt werden, daß (3) die homosexuelle Veranlagung, „obgleich sie in sich keine Sünde ist", doch in sich selbst „objektiv ungeordnet" ist.[3] Wenn man letztere Aussage unterläßt, dann können das Mitleid und die Achtung mißverstanden werden: Ohne ein Urteil über die sexuelle Orientierung, die als „natürlich" oder zumindest „unabänderlich" oder sogar als „zur persönlichen Identität gehörig" hingenommen wird, können Begegnung und Annahme abgleiten in ein Tolerieren der Handlungen, die Folge dieser Veranlagung sind. Auch der Aufruf zur Keuschheit hätte dann keine wirkliche Grundlage: Er würde einer Orientierung (die dabei als natürlich, angeboren und grundlegend für die persönliche Identität betrachtet wird), die keine legitimen Ausdrucksformen besitzt, rein äußerlich eine Grenze setzen. Wer die objektive Ungeordnetheit der homosexuellen Veranlagung leugnet, steht also vor der Alternative, homosexuelle Handlungen entweder zu tolerieren und zu billigen oder daran zu verzweifeln.[4]

Gegen die vom Lehramt der Kirche postulierte objektive Unordnung gibt es jedoch einen ersten Einwand, der zunächst stichhaltig zu sein scheint. Wie kann das, was nicht aus freier Entscheidung geschieht, mit moralisch negativen Begriffen belegt werden? Die Unterscheidung zwischen „homosexueller Veranlagung" und „homosexuellen Handlungen", die sich die katholische Lehre seit dem Dokument *Persona humana* zu eigen gemacht hat, setzt voraus, daß die homosexuelle Orientierung, soweit sie nicht der freien Entscheidung entspringt, keine moralische Schuld in sich birgt, für die die Person verantwortlich gemacht werden kann. Nach dem hl. Thomas von Aquin und der gesamten Tradition der katholischen Moraltheologie kann nur in bezug auf das, was in den Bereich des freien Willens gehört (*„voluntarium"*) von moralisch gut oder schlecht im eigentlichen Sinne die Rede sein.[5] Die Neigungen, die man nur „erduldet" (*„passiones"*), haben nur insoweit eine moralische Bedeutung, wie sie der Vernunft und dem Willen unterworfen werden können.

Dennoch hat das, was unserer Freiheit zugrunde liegt und was als Grundveranlagung die freien Entscheidungen beeinflußt, eine große Bedeutung für die Moral und kann daher im analogischen Sinn moralisch beurteilt werden, im Hinblick auf die Orientierung, die es hervorbringt. Die Freiheit des Menschen ist nämlich eine „nur menschliche", also nicht absolute Freiheit. Sie ist eine reale, aber endliche, umweltbeeinflußte und bedingte Freiheit, die sich auf Motivationen, Umstände und leibliche Bedingtheiten stützt und sich von hier aus entfaltet.[6] Diese Konditionierungen zu berücksichtigen und sie im Hinblick auf das Verhalten, zu dem sie tendieren lassen, zu beurteilen und gleichzeitig zu versuchen, sie zu korrigieren, gehört zu den Aufgaben einer gesunden, objektiven und realistischen Morallehre.

Sogar die Sprache, die sich in bezug auf die Homosexualität durchgesetzt hat und die zu benutzen wir gleichsam gezwungen sind, birgt eine weitere Schwierigkeit und ein gefährliches Mißverständnis in sich. Die „Sexualität" scheint ein abstrakter und neutraler Begriff zu sein, den es in zwei scheinbar symmetrischen Versionen gibt: die „Hetero"- und die „Homo"-Sexualität. So wird die normale Sexualität sprachlich neu definiert und implizit mit dem von der Norm abweichenden Verhalten auf eine Ebene gestellt. Der ideologische und manipulierende Charakter dieses uns auferlegten Sprachgebrauchs darf nicht übersehen werden. Die scheinbare Symmetrie ist in Wirklichkeit falsch: Der ursprüngliche Sinn der Geschlechtlichkeit ist an den Geschlechtsunterschied gebunden. Sie besitzt daher in sich selbst eine heterosexuelle „Normalität".

Dennoch kann das, was für die Allgemeinheit nicht normal ist, dem einzelnen Individuum als „normal" erscheinen, aufgrund der ungeordneten Veranlagung seines Seins, wie der hl. Thomas in bezug auf die Lüste hervorhebt, die nicht der Natur entsprechen: *„id quod est contra naturam speciei, fieri per accidens naturale huic individui".*[7] Vielsagend ist in diesem Zusammenhang – wie auch in anderen Situationen – der Satz: „So bin ich nun einmal!" Er beinhaltet die frustrierende Feststellung der Unmöglichkeit, sich zu ändern, macht die Natur oder vielleicht auch Gott für die eigene Situation verantwortlich und bringt den mangelnden Willen zum Ausdruck, die eigene Position in der Welt in Frage zu stellen.

Die Psychoanalytiker heben hervor, daß die Geschlechtlichkeit nicht so sehr eine „natürliche" Fähigkeit ist als vielmehr eine Antwort des Subjekts auf eine ungenügende Realität, die es vor Fragen stellt. Sie ist eine „Stellungnahme", die Teil eines langen und komplexen Prozesses der Identitätsfindung ist, zu dem auch die Übernahme von Rollen gehört sowie „Entscheidungen" für die psychische Strukturierung des eigenen anatomischen Geschlechts in bezug auf die anderen. Hier wollen wir jedoch nicht in die Diskussion um die psychischen Dimensionen der Homosexualität eintreten, sondern vielmehr versuchen, die anthropologische Bedeutung dieser Veranlagung zu verstehen, die gemäß der Lehre der Kirche „ungeordnete Tendenzen" aufweist.

2. Bedeutung des Begriffs „objektive Unordnung"

Wenn man über Geschlechtlichkeit als „Stellungnahme" oder als „Veranlagung" spricht, so müssen dabei eine Vielzahl von

Elementen der Persönlichkeit in Betracht gezogen werden. Diese sind darauf ausgerichtet, eine tendenzielle Einheit zu bilden, auf der das Subjekt die eigene geschlechtliche Identität aufbaut und durch die es seinen Platz innerhalb des Beziehungsnetzes und seiner Umwelt erkennt. Das Konzept der „Ordnung", und somit auch das der „Unordnung", scheint sich auf eine Problematik dieser Art zu beziehen.

Der hl. Augustinus definiert die Ordnung als *„parium dispariumque rerum sua cuique loca tribuens dispositio"*,[8] als rechte Anordnung unterschiedlicher und einander entsprechender Elemente, in der jedes sich in die Harmonie des Ganzen einfügt. Der hl. Thomas von Aquin hebt in seiner Definition den dynamischen Aspekt der Ordnung und ihre Zielgerichtetheit stärker hervor: *„Ad formam autem consequitur inclinatio ad finem, aut ad actionem, aut ad aliquid huiusmodi; quia unumquodque, in quantum est actu, agit et tendit in id quod sibi convenit secundum suam formam. Et hoc pertinet ad pondus et ordinem* (Von der Form stammt dann das Streben auf einen Zweck hin, oder auf eine Handlung, oder auf andere Dinge; denn alles Bestehende handelt, insofern es besteht, und strebt nach dem, was seiner Form entspricht. Und das wird von *Gewicht* und *Ordnung* angezeigt)".[9] Durch die Ausrichtung der Ordnung auf ein Ziel hin kann auch der Prozeß der menschlichen Freiheit in das Vollkommenheitsstreben eingebunden werden, das das ganze Universum durchdringt und seinen Bewegungen Antrieb verleiht.

Die Ordnung ist also für den Aquinaten ein Ausdruck der Weisheit: *„sapientis est ordinare* (dem Weisen ist das Ordnen zu eigen)". Gerade dadurch, daß sie die Ziele festlegt, gibt die vorsehende Weisheit Gottes der Welt eine Ordnung. Der weise Mensch erkennt die im Plan Gottes festgelegten Ziele und kann in sein Handeln und in seine Veranlagungen Ordnung hineinbringen.

So können wir die Bedeutung des Ausdrucks „objektiv ungeordnete Veranlagungen" besser verstehen: Diese sind Neigungen, in denen die Anordnung der einzelnen Elemente der Persönlichkeit nicht auf das Erreichen des Zieles ausgerichtet ist, das der göttliche Plan der Sexualität zuweist. Auf analoge Weise hatte das Konzil von Trient über die Unordnung der Begehrlichkeit gesprochen.[10] Das Empfindungsvermögen ist infolge der Sünde nicht mehr, der ursprünglichen *Ordnung* gemäß, der Vernunft unterworfen, sondern widersteht dieser und lehnt sich gegen sie auf, so daß es die Menschen zu Handlungen treibt, die der moralischen Ordnung widersprechen.

Vom Gesichtspunkt der moralischen Ordnung her beurteilt die katholische Lehre die homosexuellen Handlungen als in sich selbst ungeordnet, da den geschlechtlichen Prozessen, die dabei in Gang gesetzt werden, zwei entscheidende Dinge fehlen: (1) der *vereinigende Sinn* der ganzheitlichen Selbsthingabe an die andere Person, die nur in der ehelichen Vereinigung von Mann und Frau verwirklicht werden kann, und (2) die Öffnung zum *prokreativen Sinn*, durch den die menschliche Sexualität letztlich auf das Gut des Kindes ausgerichtet ist. Aber die Kriterien zur ethischen Beurteilung sind in einer theologischen Anthropologie der menschlichen Sexualität verwurzelt, und nur in ihrem Licht betrachtet wird, als Kontrast dazu, auch der ungeordnete Charakter der homosexuellen Veranlagung sichtbar.

3. Die Ordnung der menschlichen Geschlechtlichkeit im weisen Plan Gottes

Wie bei jeder anderen Grunddimension der menschlichen Existenz auch, kann man ein theologisches Verständnis der Geschlechtlichkeit nur in dem Maße erlangen, in dem diese auf Christus bezogen wird. In ihm verdichtet sich der weise Plan Gottes gleichsam auf seinen Endpunkt hin. Das Universum ist nämlich in ihm und durch ihn geschaffen worden: Er ist der Erstgeborene der ganzen Schöpfung (vgl. Kol 1,15–20). In ihm sind auch wir „vorherbestimmt", nach dem Plan, den Gott Vater vor der Erschaffung der Welt festgesetzt hat, zum Lob seiner Herrlichkeit (vgl. Eph 1,3–14). Das Geheimnis der menschlichen Geschlechtlichkeit, das zum göttlichen Plan gehört, ist daher das Geheimnis unserer Ähnlichkeit mit Christus, unserer Berufung in ihm, den Reichtum der dreifaltigen Liebe zum Ausdruck zu bringen, deren geschaffenes Abbild wir sind.

In der Perspektive einer christozentrischen und dramatischen theologischen Anthropologie sowie anhand von Genesis 1,27 wird die menschliche Geschlechtlichkeit, die sich auszeichnet durch die Dualität des männlichen und des weiblichen „Geschlechts", als integraler Bestandteil der *imago Dei* erfaßt, die der Schöpfer dem Menschen im Augenblick der Schöpfung aufgeprägt hat.[11] Sie erinnert an die ursprüngliche Liebe, den göttlichen Ursprung des Daseins des Menschen, in seiner Ganzheit aus Leib und Geist, und lädt gleichzeitig zu einer Berufung der Selbsthingabe und der Annahme des anderen in der Liebe ein.

Der Geschlechtsunterschied ist das Zeichen der Kreatürlichkeit und Endlichkeit des Menschen: „Kein Mensch an sich ist jemals in der Lage, von allein das ganze Menschsein auszuschöpfen: Er hat immer die andere als seine eigene Möglichkeit vor Augen, Mensch zu sein".[12] Gleichzeitig stellt sie eine Einladung zur Begegnung und zur Gemeinschaft dar und ist damit im eigentlichen Sinne eine Berufung. Johannes Paul II. sagte in seinen Katechesen über die menschliche Liebe im göttlichen Heilsplan: „Auf der Ebene des Menschen und in der wechselseitigen Beziehung der Personen ist das Geschlecht Ausdruck einer immer neuen Überwindung der Grenze der Einsamkeit des Menschen, die seiner körperlichen Verfassung innewohnt und seine ursprüngliche Bedeutung ausmacht".[13] Im Leib werden also die Grenze und die Berufung offenbar: Der Leib ist das reale Symbol einer Berufung, die ursprüngliche Einsamkeit zu überwinden, um dem anderen zu begegnen, der sich vom Selbst unterscheidet, und mit ihm eine Einheit zu bilden, in der die ursprüngliche Ähnlichkeit mit der göttlichen Liebe aufscheint. Der Leib hat einen „bräutlichen Sinn": Er ist dazu geschaffen, Ausdruck der Selbsthingabe der Person an eine andere Person zu sein, die sich vom Selbst unterscheidet.[14] Die eucharistische Hingabe Christi an seine Kirche („Nehmet und esset: Das ist mein Leib") ist das unübertreffliche Modell und die Quelle der Gnade, die jede Liebesgabe des menschlichen Geschöpfes möglich macht, einschließlich der Hingabe, die der Ehelichkeit zu eigen ist.

Die duale Einheit der hochzeitlichen Gemeinschaft zwischen Mann und Frau ist, mit unendlichem Abstand, Abbild der dreifaltigen Einheit der göttlichen Personen.[15] Johannes Paul II. sagte im Apostolischen Schreiben *Mulieris dignitatem:*

> Wir lesen, daß der Mensch „allein" nicht existieren kann (vgl. Gen 2, 18); er kann nur als „Einheit von zweien", in Beziehung also zu einer anderen menschlichen Person, existieren. Es handelt sich hier um eine gegenseitige Beziehung: des Mannes zur Frau und der Frau zum Mann. Personsein nach dem Abbild Gottes bedeutet also auch Existenz in Beziehung, in Beziehung zum anderen „Ich". Das läßt uns die endgültige Selbstoffenbarung des dreieinigen Gottes vorausahnen: lebendige Einheit in der Gemeinschaft von Vater, Sohn und Heiligem Geist.[16]

4. Die Unordnung der Homosexualität in ihrer theologischen Dimension

Der Geschlechtsunterschied gehört zum geschaffenen Abbild Gottes im Menschen und muß als analogischer Begriff aufgefaßt werden. Er ist innerhalb der Beziehung des Geschöpfes zum Schöpfer, der Kirche zu Christus und der Berufung, die Gemeinschaft der göttlichen Personen widerzuspiegeln, anzusiedeln. Es ist daher zu erwarten, daß die Unordnung der Homosexualität eine paradigmatische theologische Dimension innerhalb der Heilsgeschichte besitzt. Der französische Philosoph Gaston Fessard gibt eine sehr klare Interpretation von ihr in einem Kommentar zum ersten Kapitel des Briefes des hl. Paulus an die Römer (vgl. Röm 1,20–29).[17] In diesem Abschnitt stellt der Apostel Paulus eine Verbindung her zwischen der Weigerung der Heiden, Gott als Gott anzuerkennen, und den geschlechtlichen Perversionen, denen sie sich ergeben haben.

> *Darum* [weil sie sich weigerten, den in den Schöpfung sichtbaren Schöpfer anzuerkennen und zu ehren] lieferte Gott sie entehrenden Leidenschaften aus: Ihre Frauen vertauschten den natürlichen Verkehr mit dem widernatürlichen; ebenso gaben die Männer den natürlichen Verkehr mit der Frau auf und entbrannten in Begierde zueinander; Männer trieben mit Männern Unzucht und erhielten den ihnen gebührenden Lohn für ihre Verirrung (Röm 1,26–27).

Aber welchen Sinn hat es, Gottlosigkeit und Götzenverehrung mit der Homosexualität in Verbindung zu bringen, und die religiöse Haltung gegenüber Gott mit dem geschlechtlichen Verhalten?

Um Mißverständnissen vorzubeugen, muß natürlich von vornherein gesagt werden, daß der hl. Paulus hier nicht am individuellen Aspekt der Homosexualität interessiert ist und noch weniger an ihren konkreten Ursachen. Er will vielmehr „ihren Sinn und ihren bezeichnenden Wert für die Gesellschaft" und für die Weltgeschichte verstehen, in der Heiden und Juden einander gegenüberstehen, um das geschichtliche Wesen der Götzenverehrung zu veranschaulichen. Fessard schlägt eine ganz neue Hermeneutik des Textes vor. Er wendet auf sein Verständnis die drei Polaritäten an, die die menschliche Geschichtlichkeit kennzeichnen: das Paar Mann – Frau (natürliche Geschichtlichkeit), das Paar Herr – Sklave (menschliche Geschichtlichkeit) und das Paar Jude – Heide (übernatürliche Geschichtlichkeit).

Für Paulus ist der erste Ursprung dieser Verhaltensweisen nicht fleischlich oder psychisch, sondern vielmehr „geistlich" oder genauer gesagt „diabolisch" (vgl. Eph 6,12). Der Apostel deutet die Beziehung zwischen Gott und der Menschheit auf der Grundlage der Analogie der Beziehung zwischen Mann und Frau, in Übereinstimmung mit zahlreichen bekannten Texten des Alten Testaments. Das ist jedenfalls der Ausgangspunkt für die von Fessard vorgeschlagene Hermeneutik dieses Bibelabschnittes. Sowohl in der Schöpfung als auch in der Heilsgeschichte ist Gott ein „Mann", der frei seine Liebe einer Menschheit anbietet, die für ihn „Frau" ist. Die Götzenverehrung der Heiden entspringt dem Stolz des Geistes, der den Menschen dazu drängt, „wie Gott sein" zu wollen, indem er seinen Schöpfer nicht anerkennt und sich weigert, ihm wie ein Diener seinem Herrn zu gehorchen.

So kommt es zu einer Pervertierung der Haltung weiblicher Rezeptivität, die das Geschöpf ursprünglich gegenüber dem Schöpfer einnimmt.[18] Indem er sich Gott verweigert, maßt sich der Heide an, gegenüber der Schöpfung willkürliche Freiheit und eine rein männliche Macht auszuüben. In Fessards Interpretation ist die geschlechtliche Inversion letztlich Ausdruck des geistlichen Stolzes, Zeichen des Strebens nach einem geschlechtslosen, engelgleichen Dasein, in dem die Weigerung des menschlichen Geistes zum Ausdruck kommt, gegenüber dem Transzendenten die weibliche Haltung einzunehmen, die dem geschaffenen Sein zu eigen ist. Im Kern der idolatrischen Einstellung offenbart sich die Homosexualität als Sünde gegen den Heiligen Geist, nicht nur als frei gewählter und bewußt gerechtfertigter Lebensstil, sondern vor allem als paradigmatische Geisteshaltung. Sie verleugnet die Naturordnung und versucht, eine Kultur ins Leben zu rufen, die keinen Bezug zur Transzendenz besitzt.

5. Schluß: Die Unterscheidung der Geister

Das Nachdenken über die anthropologischen Dimensionen der objektiven Unordnung der homosexuellen Veranlagung hat uns an eine letzte und gefährliche Schwelle geführt: zu den tiefsten geistlichen Dimensionen der Beziehung zwischen dem Geschöpf und seinem Schöpfer. Albert Chapelle sagte: „Im Drama der Homosexualität liegt viel mehr verborgen als nur eine geschlechtliche Verhaltensweise".[19] Dort, wo die objektive Unordnung nicht nur in Handlungen zum Ausdruck kommt, sondern sich durch freie Entscheidung zu einer Geisteshaltung und einer Ideologie verhärtet, nimmt die Homosexualität typologische Bedeutung an. Die Überlegungen zu dieser letzten Dimension können aber nicht als Urteil über einzelne Personen angewandt werden, die vielleicht an einer Veranlagung, die sie nicht gewählt haben, leiden und aus Schwachheit sündigen. Es geht vielmehr um das geistliche Gesamtbild, das einen frei gewählten Lebensstil kennzeichnet, oft weit über das eigentliche Bewußtsein der Personen hinaus. Wir sprechen hier von einem „Geist", gegen den man kämpfen muß und der unterschiedliche und vielfältige Erscheinungsformen besitzt.

Der gebotene Kampf gegen bestimmte ungerechte gesellschaftliche Diskriminierungen, die Solidarität mit den homosexuell veranlagten Personen und das pastorale Bemühen, ihnen zu helfen, in Keuschheit zu leben, dürfen nicht die kulturellen, ja sogar geistlichen Dimension des Kampfes für die Wahrheit und die Authentizität der Liebe ins Hintertreffen geraten lassen. Es wäre ein tiefer Umbruch, wenn die homosexuelle Option auf eine Ebene gestellt würde mit der Entscheidung eines Mannes und einer Frau, die Ehe einzugehen, eine Familie zu gründen und Kinder aufzuziehen, und ein solcher Lebensstil in das kulturelle und legislative Gefüge der Gesellschaft Eingang fände. Die Kongregation für die Glaubenslehre erläuterte im Jahre 1992: „Die geschlechtliche Veranlagung ist, was die Nichtdiskriminierung betrifft, keine Eigenschaft, die vergleichbar wäre mit der Rasse, dem ethnischen Ursprung etc. Anders als diese ist die homosexuelle Veranlagung eine objektive Unordnung und gibt Anlaß zu moralischer Besorgnis".[20]

„Dies ist ein tiefes Geheimnis; ich beziehe es auf Christus und die Kirche" (Eph 5,32). Das Geheimnis der christlichen Ehe ist tief, da es eingefügt ist in die Ordnung des weisen Planes Gottes, der in Christus die Kirche liebt. Es verwirklicht den Sinn der menschlichen Geschlechtlichkeit als Selbsthingabe, die offen ist gegenüber dem Leben. Die Fragen, die den Geschlechtsunterschied betreffen, sind daher keine unwichtigen Fragen, sondern sie zeigen epochale Umwälzungen innerhalb der Kultur und der geistlichen Geschichte der Menschheit an. Die von der Weisheit Gottes gewollte Ordnung anzuerkennen und wiederherzustellen ist daher die grundlegende Tat auf einem Weg der Wahrheit und der Freiheit. Er beginnt damit, daß man sich demütig als Geschöpf vor dem Schöpfer erkennt.

GROSSHERZIG VERANTWORTLICH SEIN FÜR DIE *FRUCHTBARKEIT*

Die Möglichkeit, ein Kind zu zeugen, ist nicht einfach nur eine biologische Tatsache, die in die Physiologie der menschlichen Geschlechtlichkeit eingeschrieben und ohne ethische Implikationen manipulierbar ist. Vielmehr ist sie eine grundlegende Dimension der ehelichen Liebe, durch die der Mann und die Frau mit Gott zusammenwirken zur Zeugung eines neuen menschlichen Wesens, das also als Gabe aus einer anderen Gabe entsteht, „gezeugt, nicht gemacht".

Die natürliche Fruchtbarkeitsregelung durch periodische Enthaltsamkeit oder Bevorzugung der fruchtbaren Periode zur Begünstigung der Zeugung ist eine Verhaltensweise, die mit der Sprache der Liebe im Einklang steht. Der Unterschied zur Verhütung liegt also nicht einfach nur auf technischer Ebene, in der Anwendung unterschiedlicher Mittel, sondern umfaßt eine tiefe anthropologische und ethische Dimension.

VIII. Die prokreative Verantwortung aus katholischer Sicht

„Was ist der Mensch, daß du an ihn denkst?" (Ps 8,5). Die *magna quaestio,* die der Mensch seit Urzeiten in sich trägt, hallt in diesem Vers des 8. Psalms wider, der gleichzeitig staunend eine Antwort auf sie gibt. Die große Lebensfrage wird hineingestellt in einen Dialog des menschlichen Geschöpfes mit seinem Schöpfer, in das Gebet und das Lob. Der große italienische Dichter Giacomo Leopardi hatte in seinem *Nächtlichen Gesang eines asiatischen Wanderhirten* dieselbe Frage als reines Geheimnis formuliert: „Und ich, was bin ich?" – Zeugnis der allgegenwärtigen und beängstigenden Gegenwart dieser Frage. Der biblische Lobgesang verkündet staunend die Größe und den Primat des Menschen über die ganze Schöpfung: „Du hast ihn nur wenig geringer gemacht als Gott, hast ihn mit Herrlichkeit und Ehre gekrönt. Du hast ihn als Herrscher eingesetzt über das Werk deiner Hände, hast ihm alles zu Füßen gelegt". Gleichzeitig aber legt er die Gründe für diese Einzigartigkeit genauer dar: Die Einzigartigkeit und der zentrale Platz des Menschen in der Schöpfung liegt darin begründet, daß Gott an ihn denkt; in seiner Beziehung zu Gott, der ihn als sein Abbild schafft (vgl. Gen 1,26) und ihn beruft, auf Erden ein königliches Amt auszuüben. Er überträgt ihm seine Autorität und beruft ihn, diese zu verwalten. Wenn der Mensch das vergißt und versucht, sich dem Blick des Schöpfers zu entziehen, dann gleicht er „einem Hauch, seine Tage sind wie ein flüchtiger Schatten". Er gleicht dann nur „dem Vieh, das verstummt", wie es in anderen Psalmen mit großem Realismus heißt (Ps 144,4; 49,13).

Wenn wir die Überlegungen zur prokreativen Verantwortung aus katholischer Sicht mit diesem Gedanken aus dem 8. Psalm einleiten, dann liegt der Schluß nahe, daß die Frage nach dem

Ursprung des Menschen letztlich die Frage nach seiner Würde ist. Woher kommt der Mensch? Wem gehört er letzten Endes? An welcher Geschichte hat er teil? Wenn man die katholische Lösung der ethischen Probleme zur prokreativen Verantwortung des Menschen richtig verstehen will, dann bedarf es einer Reflexion über ihre theologische Grundlage, auf die die ethischen Probleme sich stützen und aus der allein sie Licht erhalten können. Man muß also genau hier ansetzen.

1. Die theologische Grundlage

„Ich habe einen Mann vom Herrn erworben" (Gen 4,1). Mit diesem freudigen Ruf nahm die erste Frau den ersten gezeugten Menschen in Empfang. Ihr Ruf drückt sowohl das dankbare Bewußtsein aus, ein Geschenk „vom Himmel" erhalten zu haben, als auch den Stolz, zusammen mit Adam zum Entstehen jenes neuen Lebens beigetragen zu haben. Die Zuschreibung an Gott jenes „freudigen Ereignisses" soll keineswegs den menschlichen Akt der geschlechtlichen Vereinigung, aus dem das Kind hervorgegangen ist, verdunkeln. Im Gegenteil, seine Bedeutung wird dadurch auf die Ebene einer „pro-creatio" erhoben: „Adam erkannte Eva, seine Frau; sie wurde schwanger und gebar Kain. Da sagte sie: Ich habe einen Mann vom Herrn erworben" (Gen 4,1). Der Mann und die Frau haben im Zeugungsakt wirklich mit Gott zusammengewirkt. In dessen Schöpfungsinitiative hat die Geistseele jeder menschlichen Person ihren unmittelbaren Ursprung, wie die Kirche glaubt.[1] Sie ist nach seinem Abbild geschaffen und in Christus berufen, umsonst teilzuhaben an seinem göttlichen Leben. Statt von einer bloßen „Reproduktion" des Exemplars einer Spezies muß also von der „Zeugung" (procreatio) einer einzigartigen und unwiederholbaren Person die Rede sein, die zu einer besonderen Beziehung zu Gott berufen ist.[2] Im biologischen Vorgang der Befruchtung und im instinktgebundenen physiologischen Prozeß der Geschlechtlichkeit, aus dem die Befruchtung hervorgeht, läßt sich etwas erkennen, das „darüber hinaus" geht, das größer ist als die Eltern selbst. In einem der traditionsreichsten Wörterbücher der italienischen Sprache kann man lesen, daß das Präfix „pro", „wenn es den Verwandtschaftsgrad anzeigt, die Bedeutung ‚über ... hinaus' annimmt".[3] Die Zeugung ist also letztlich nicht allein auf die Eltern zurückzuführen. Die Heilige Schrift verneint den materiellen Aspekt nicht: Der Mensch kommt von der Erde. Aber im Entwicklungsprozeß der Lebewesen entsteht etwas Neues: Durch den göttlichen Lebensatem wird die Person zum Abbild Gottes – wie Adam ebenso jeder andere Mensch. Jedes Mal, wenn im Dunkel des mütterlichen Schoßes das Leben entsteht, steht an seinem Ursprung Gott, der noch einmal sagt: „Laßt uns Menschen machen als unser Abbild, uns ähnlich" (Gen 1,26).

Evas freudiger Ruf zeigt also: Sie „ist sich des Schöpfungsgeheimnisses voll bewußt, das sich in der menschlichen Fortpflanzung erneuert".[4] „In der Biologie der Zeugung ist die Genealogie der Person eingeschrieben", faßt Johannes Paul II. zusammen.[5] Wenn es heißt, daß die Eheleute mit Gott zusammenwirken bei der Zeugung eines neuen Menschen, so soll ihre Rolle damit jedoch nicht auf den biologischen Bereich beschränkt werden. Es ist wichtig, dies sofort zu betonen. Die Zeugung einer Person, „corpore et anima unus (in Leib und Seele einer)",[6] ist ein einheitlicher Vorgang, der gleichzeitig auf geistlicher und auf leiblicher Ebene geschieht. Wenn Abbild und Ähnlichkeit nur von Gott her kommen können, aus seinem „Lebensatem", wie bei der Schöpfung des ersten Adam, dann wird dadurch die Zeugungsfunktion der Eltern nicht auf die leibliche Dimension beschränkt, sondern vielmehr „soll unterstrichen werden, daß in der menschlichen Vater- und Mutterschaft Gott selbst auf andere Weise gegenwärtig ist als bei jeder anderen Zeugung auf der Erde".[7] Die Frucht der menschlichen

Zeugung ist nämlich „ein neuer Mensch, der ein besonderes Abbild Gottes mit sich in die Welt bringt", das nur von Gott allein kommen kann.

Die tiefste Wurzel der Würde der menschlichen Person, ihre unbeschneidbare Einzigartigkeit, die sie nicht ableitbar und nicht verfügbar macht, ist eben diese unmittelbare Beziehung zu Gott, dem Schöpfer, der „den Menschen, jeden Menschen, von Anfang an gewollt hat und ihn in jeder menschlichen Empfängnis und Geburt „will". Gott „will" den Menschen als ihm ähnliches Wesen, als Person".[8] In dieser Gewißheit, gewollt zu sein, ist die persönliche Würde eines jeden Menschen verankert. Auch wenn sich in der Heiligen Schrift kein Wort findet, das dem Personbegriff entspricht, so wird doch die Einzigartigkeit des Individuums durch die Realität der Erwählung hervorgehoben. „Kann denn eine Frau ihr Kindlein vergessen, eine Mutter ihren leiblichen Sohn? Und selbst wenn sie ihn vergessen würde: ich vergesse dich nicht" (Jes 49,15). Das ist das Drama einer Kultur, die Gott als Vater zurückweist: Letzten Endes ist ihr auch die Tatsache des Wertes der menschlichen Person nicht mehr klar ersichtlich.[9]

So versteht man auch die Bedeutung des Bandes zwischen der menschlichen Fortpflanzung und der Ausübung der Sexualität. Die Würde der Fortpflanzung wird dadurch in ihrer Eigentümlichkeit bewahrt, daß sie ihren Ursprung in einem seelisch-leiblichen Liebesakt eines Mannes und einer Frau besitzt, die in der Ehe miteinander verbunden sind. Die Öffnung zur Zeugung neuen Lebens, die durch die geschlechtliche Vereinigung des männlichen mit dem weiblichen Leib geschieht, ist keine rein biologische Tatsache und kein reiner Zufall. Sie zeigt vielmehr eine tiefe Bedeutung der Geschlechtlichkeit auf personaler Ebene auf: Wenn die Eheleute sich einander hingeben durch ihren Leib, und so zum Ausdruck bringen, daß sie das Abbild Gottes des Schöpfers sind, der Liebe ist, dann können sie zusammenwirken mit Gott, indem sie einer neuen Person das Leben schenken. Wenn der eheliche Akt in diesem personalistischen und theologischen Horizont verstanden wird, dann erfaßt man seine besondere Würde: Er bringt die Begegnung zwischen dem Ewigen (Gott) und der Zeit (der Hingabe der Eheleute) zum Ausdruck. Daher kann man sagen, daß „die eheliche Liebe der Tempel ist, in dem Gott das Geheimnis seiner schöpferischen Liebe feiert".

Der hl. Paulus schreibt in seinen Briefen: „Deshalb beuge ich meine Knie vor dem Vater, von dem her jede Vaterschaft im Himmel und auf Erden den Namen hat" (Eph 3,14). Es handelt sich um eine Bitte, bei der Gott als „Vater" angerufen wird, von dem jede andere Vaterschaft, im Himmel und auf Erden wie aus seinem Ursprung und seinem Vorbild herkommt.[10] Gott ist „Vater". Er besitzt das Leben in sich selbst und gibt es dem Menschen weiter durch *generatio* (Zeugung) oder *procreatio* (Fortpflanzung). Nur wenn wir die Knie beugen, in demütiger und dankbarer Anbetung dessen, der der Urgrund jeder Vaterschaft und jeder Geschlechterreihe ist, nur dann ist unsere menschliche Vaterschaft wahr. Dann können wir auf würdige Weise einem Kind das Leben schenken: nicht so als würden wir entscheiden, etwas Eigenes zu schaffen, sondern so wie man ein Geschenk weitergibt, von dem man selbst als Erster beschenkt und überrascht wurde. Die enge Verbindung zwischen Sexualität und Fortpflanzung ist also Ausdruck und Schutz der Einzigartigkeit des menschlichen Subjekts in seiner *generatio/procreatio* nach dem Abbild Gottes, von dem her jede Vaterschaft den Namen hat.

2. Das ethische Prinzip

Ein Kind zu zeugen bedeutet also keineswegs, seine Existenz zu verursachen. Wie der Philosoph Gabriel Marcel sagt, ist das Kind niemals „für mich da". Es ist nicht von mir abhängig, und es gehört mir nicht, so wie auch ich nicht mir selbst gehöre und mir nicht selbst das Leben schenken kann.[11] Man kann ein Kind nur wollen, indem man „die Knie beugt", also die bereits bestehende, unvorhergesehene und unverfügbare Initiative eines Anderen anerkennt, von dem das Kind herkommt, wie ein Gast aus der Ferne. Das Wollen ist rechtmäßig, wenn es mit Demut und Vertrauen erkennt, daß eine Gnade existiert, eine Art „hochzeitliches Band zwischen dem Menschen und dem Leben".[12] So überträgt die göttliche Autorität die väterliche und mütterliche Autorität nicht von außen her, sondern sie wird die Grenze, die sie von innen her begründet. Die Elternschaft nimmt die Form eines „Gelübdes" an, einer das ganze Leben andauernden Verpflichtung gegenüber einem umsonst erhaltenen Geschenk und gegenüber der Öffnung zu seiner Weitergabe.

Unter diesem Gesichtspunkt zeigt sich, daß die Verbindung zwischen Sexualität und Zeugung keine rein empirische und biologische Naturgegebenheit ist, sondern daß ihr ein Sinn innewohnt, der geachtet werden muß um der Wahrheit des menschlichen Handelns willen. Die enge Einheit zwischen Vereinigung und Fortpflanzung in der menschlichen Sexualität ist weit davon entfernt, den physiologischen Vorgängen eine Weihe zu verleihen, die ihnen nicht zukommt. Sie schützt vielmehr die personalistische Würde der menschlichen Sexualität ebenso wie die Würde des Kindes, das aus ihr hervorgehen kann. In dieser engen Verbindung kommt der menschliche Wille in Form einer Zustimmung zum Ausdruck, durch den man auf den Plan eines Anderen eine positive Antwort gibt; das Tun des Mannes und der Frau wird zu einem verantwortlichen „Handeln" und nicht einfach nur zu einem technischen „Machen".

Die Krise der Elternschaft in der Mentalität der Gegenwart hat ihre tiefste Wurzel darin, daß diese Dimension ins Dunkel gerückt ist. Für den Menschen unserer hochentwickelten westlichen Gesellschaft nimmt die Zeugung eines Kindes immer mehr die Form einer Entscheidung an, zu der schwerwiegende Überlegungen gehören. Früher war es selbstverständlich, daß diejenigen, die heirateten, auch Kinder haben würden. Vater- und Mutterschaft wurden als natürliche Aufgabe betrachtet, die man zusammen mit vielen anderen Pflichten, die zum Leben gehörten, übernahm. Die Fortpflanzung war kein Wahlakt, sondern die natürliche Folge des Ehelebens, die dann zur väterlichen und mütterlichen Erziehungsverantwortung wurde.

Durch medizinische Verfahren im Bereich der Sexualität ist man seit über 50 Jahren dahin gelangt, die Sexualität von der Fortpflanzung zu trennen, und seit mehr als 20 Jahren ist eine von der Ausübung der Geschlechtlichkeit unabhängige Fortpflanzung möglich. Dies hat zur Verantwortungslosigkeit im Bereich der Sexualität geführt: Sie wird als Freiraum aufgefaßt, in dem man Instinkten und Gefühlen freien Lauf lassen kann; sie ist zum Spiel geworden. Die Fortpflanzung dagegen ist mit Verantwortung überbelastet. Ein Kind zu zeugen erscheint heute als eine schwerwiegende Verantwortung – zu schwerwiegend für einen Mann und eine Frau, die sich allein fühlen und unentschlossen sind, ob sie sich dieser Aufgabe stellen sollen. Die Entscheidung, ein Kind zu zeugen, wird unmittelbar und ausschließlich von einer autonomen Vernunft abhängig getroffen . Diese plant die Zukunft, rechnet und stellt Pläne auf, wägt Vor- und Nachteile, Möglichkeiten und Mittel ab, zum eigenen Wohl und dem der eventuellen Kinder.

Wie man sieht, ist es keineswegs eine neutrale Sicht der Dinge, wenn das Thema der Elternschaft in erster Linie als Projekt und Entscheidung angegangen wird. Wenn der Zeugungsakt zu einem gut durchdachten Schritt wird, den man unternimmt, um einen Menschen in die Welt zu setzen, dann haben der Vater und die Mutter das Gefühl, sich eine unmittelbare und totale Verantwortung gegenüber dem Kind aufzubürden. Dieses kann sie zur Rechenschaft ziehen, sie verantwortlich machen für die Grenzen und das Unglück, die das Leben eventuell mit sich bringen wird. Eine solche Last der Verantwortung flößt Angst ein. Ich denke daran, was der deutsche Philosoph Robert Spaemann im Rahmen einer Debatte um die künstliche Befruchtung einmal sagte. Er hätte es niemals ertragen, wenn eines Tages sein Kind, von der Last eines besonders schwierigen Lebens erdrückt, ihn und seine Frau für die Entscheidung, es in die Welt zu setzen, unmittelbar und ausschließlich verantwortlich hätte machen können.[13] Vater- und Mutterschaft werden im Wesentlichen zu einem Vernunftplan und einer Willensentscheidung gemacht, verwirklicht durch einen Akt, der nur als technisches Mittel zur Erlangung dieses Ziels betrachtet wird. So kommt es zur Auffassung von dieser unerträglichen Verantwortungslast. Das zeigt sich auf besonders dramatische Weise, wenn die künstliche Befruchtung ins Spiel kommt: das „Fortpflanzungsprojekt" wird von den Ärzten durchgeführt, während der männliche und der weibliche Leib nur, soweit möglich, das Material für den Eingriff liefern. Die durch ärztlichen Eingriff erfolgende Befruchtung ist gewissermaßen das rationale Idealbild einer verantwortungsbewußten Reproduktion des Menschen heutzutage.

Letzten Endes würde auch ein Geschlechtsakt, der nur als Mittel zur Zeugung eines Kindes gewollt ist, dasselbe anthropologische und ethische Problem darstellen wie die künstliche Befruchtung. Tatsächlich jedoch besteht die unmittelbare Kausalität in bezug auf die Existenz des Kindes nicht, wenn am Anfang die eheliche Vereinigung steht: Die leibliche Vermittlung unterbricht die direkte Verbindung zwischen der Entscheidung für die Fortpflanzung und dem Beginn des Lebens des Kindes. Wenn die Empfängnis Folge der geschlechtlichen Vereinigung ist, die gewöhnlich die geschlechtliche Anziehung voraussetzt, dann verweist die leibliche Dimension des Zeugungsaktes auf einen bereits vorhandenen Plan, der nicht nur und nicht in erster Linie der Plan der Eltern ist. Die Entscheidung, ein Kind zu bekommen, ist nicht unmittelbar. Die Bereitschaft zur Fortpflanzung nimmt vielmehr die Form der Zustimmung zu einem

Plan an, der dem Plan des Mannes und der Frau vorausgeht, zu einem Plan, dem sie sich anvertrauen und zu dem sie gehören – verantwortungsbewußt, aber ohne Willkür.

Die Verantwortung in der Fortpflanzung

So können wir das ethische Grundprinzip noch genauer umschreiben. Nach der katholischen Auffassung von der menschlichen Liebe ist die verantwortliche Fortpflanzung eine antwortende Haltung des Mannes und der Frau auf die der menschlichen Geschlechtlichkeit innewohnende Dimension der Fortpflanzung. Die Enzyklika *Humanae vitae* von Paul VI. legt unter der Nr. 10 vier Elemente dar, die für die Verantwortung in der Fortpflanzung wesentliche Bedeutung haben:

1) In bezug auf die biologischen Vorgänge, die zum Ursprung des Lebens führen und die zur Person gehören, muß deren Kenntnis und volle Achtung gefördert werden;

2) was den psychologischen Aspekt von Trieb und Leidenschaft betrifft, die die geschlechtliche Anziehung kennzeichnen, so geht es darum, eine Selbstbeherrschung zu erlangen, die im Hinblick auf die personale Liebe Disziplin und Integration erlaubt;

3) im Hinblick auf die gesundheitliche, wirtschaftliche, seelische und soziale Situation wird die verantwortliche Elternschaft zum wohlüberlegten Entschluß, der den konkreten Willen Gottes ergründet und sich hochherzig zu einem größeren Kinderreichtum entschließt oder bei ernsten Gründen und unter Beobachtung des Sittengesetzes zur Entscheidung kommt, zeitweise oder dauernd auf weitere Kinder zu verzichten;

4) schließlich kommt die verantwortliche Fortpflanzung vor allem in der Beachtung der objektiven sittlichen Ordnung zum Ausdruck, die auf Gott zurückzuführen ist.

Die Eheleute sind also aufgerufen, wirkliche Verantwortung zu übernehmen, die das Ergründen des Willens Gottes voraussetzt. Weder bringen sie einfach nur feststehende moralische Normen zur Durchführung, noch herrschen sie eigenmächtig und unabhängig über die durch ihre Geschlechtlichkeit ermöglichte Fortpflanzung. Für das Zweite Vatikanische Konzil „wissen sich die Eheleute als mitwirkend mit der Liebe Gottes des Schöpfers und gleichsam als Interpreten dieser Liebe", in der Aufgabe der Weitergabe des Lebens und in der Erziehung *(Gaudium et spes,* Nr. 50). Das Zusammenwirken mit Gott besteht nicht im passiven Gehorsam gegenüber festen Regeln, sondern ist die Berufung, mit allen menschlichen Kräften (Vernunft und Wille, Affektivität und Instinkt) die hohe Aufgabe der Weitergabe des Lebens zu übernehmen. Natürlich setzt dies auch die Achtung der objektiven Sinngehalte voraus, die der Schöpfer der menschlichen Sexualität eingeprägt hat, sowie das Bewußtsein um den einzigartigen und unverkürzbaren Wert der menschlichen Fortpflanzung.

Die dem ehelichen Akt innewohnenden Sinngehalte

Aus Sicht der katholischen Lehre drückt sich die Verantwortung in der Fortpflanzung auf ethischer Ebene als Achtung der untrennbaren Einheit der beiden im ehelichen Akt eingeschriebenen Sinngehalte aus: Vereinigung und Fortpflanzung *(Humanae vitae,* Nr. 12). Um den Wert dieses Grundprinzips deutlicher zu machen, ist es hilfreich, den Sinngehalt des ehelichen Akts im Licht der Theologie des Leibes zu betrachten, die Johannes Paul II. in seinen Katechesen zur menschlichen Liebe im göttlichen Heilsplan dargelegt hat.

„Der menschliche Körper mit seiner Geschlechtlichkeit, seiner Männlichkeit und Weiblichkeit, ist, vom Geheimnis der Schöpfung her gesehen, nicht nur Quelle der Fruchtbarkeit und Fortpflanzung wie in der gesamten Naturordnung, sondern umfaßt von ‚Anfang' an auch die Eigenschaft des *Bräutlichen,* d. h. die Fähigkeit, der Liebe Ausdruck zu geben: jener Liebe, in welcher der Mensch als Person Geschenk wird und – durch dieses Geschenk – den eigentlichen Sinn seines Seins und seiner Existenz verwirklicht".[14] Hier wird die entscheidende Bedeutung des vorher Gesagten deutlich: Den bräutlichen Charakter des menschlichen Leibes kann man nämlich nur in bezug auf die von Gott in sich selbst gewollte Person und ihre Berufung zur Selbsthingabe in der Liebe verstehen.

Diese einzigartige Beziehungsform von personaler Intimität, die sich durch die genital-leibliche Gemeinschaft von anderen Beziehungsformen unterscheidet, besitzt bestimmte Eigenschaften. Man spricht vom „ehelichen Akt" schlechthin, als dem Akt geschlechtlicher Vereinigung, in dem die personale Gemeinschaft der Eheleute verwirklicht wird. Die besondere Bedeutung dieses Akts, die durch den Sprachgebrauch angezeigt wird, bedeutet jedoch nicht Ausschließlichkeit: Die Hingabe kann und muß sich durch eine Vielzahl von Gesten, durch Zärtlichkeit und gegenseitige Aufmerksamkeit ausdrücken. Gerade indem man achtgibt auf die Wahrheit des ehelichen Akts als Zeichen der Hingabe der Personen, vermeidet man die „Einseitigkeit und Tyrannei der Genitalität", die dazu führt, die personale Beziehung zum anderen zu vergessen und andere Kommunikationsformen, die die Liebe zum Ausdruck bringen können, zu vernachlässigen. Welche personalistischen Anforderungen stellt nun der eheliche Akt?

Er muß in erster Linie eine Begegnung auf personaler Ebene sein: Der Leib ist durchdrungen von der Person, und die leibliche Begegnung wird so „Sakrament" der Begegnung der Personen, ausdrucksstarkes und wirksames Zeichen der Hingabe und der Annahme des anderen. In der Begegnung bedeutet der „Primat dessen, was zur Person gehört", daß nur dann, wenn eine endgültige und öffentliche Verpflichtung auf personaler Ebene stattgefunden hat, die Geste der leiblichen Hingabe wahrhaftig ist. Das gegenseitige Anvertrauen der eigenen Leiblichkeit bringt nämlich eine endgültige personale Hingabe zum

Ausdruck, eine ganzheitliche Annahme des anderen und eine unwiderrufliche Selbsthingabe. Damit der eheliche Akt auf der Ebene wahrer personaler Hingabe geschieht, muß er frei und ausschließlich sein. Nur in der Freiheit kann es eine Hingabe geben, und nur in der ganzheitlichen und endgültigen Verpflichtung ist diese Hingabe „aufrichtig", entspricht das, was sie aussagt, ihrem objektiven Sinngehalt. Der genitale Ausdruck kann nicht auf den Leib beschränkt bleiben und von der Hingabe der Personen losgelöst werden. In diesem Rahmen bekommt er seinen wahren Sinngehalt, schaut man weder auf ihn herab als etwas rein Physisches und Niederes, noch vergötzt man ihn, so als wäre er ein Wert in sich.

Aber der Sinngehalt der bräutlichen Liebe des Mannes und der Frau geht über ihre leibliche Vereinigung hinaus. Das Ziel, das mit dem leiblichen Ausdruck der ehelichen Liebe aufs engste verbunden ist, verweist auf eine neue Dimension der Liebe: die Fruchtbarkeit. Durch sie geht die Liebe stets über sich selbst hinaus und findet ihren Ausdruck in der Zeugung neuen Lebens. Die auf der genitalen Ebene ausgeübte Geschlechtlichkeit strebt in sich selbst nach der Weitergabe des Lebens: Sie findet ihre Erfüllung im Kind, das aus der leiblichen und geistigen Hingabe der Eheleute entsteht. Die Zeugung ist nicht nur eine mögliche Folge eines physischen Akts: Sie ist eine dem ehelichen Liebesakt innewohnende Dimension. So ist sie auch wahre und verantwortliche „pro-creatio", da sie aus einem menschlichen Akt interpersonaler Liebe hervorgeht, der in der Erziehungsaufgabe seine Fortsetzung findet. Das Kind entsteht als „Gabe aus der Hingabe". Die Einheit in der Liebe ist keine rein biologische Tatsache, aber sie ist stets fruchtbar; die Fruchtbarkeit des Leibes, der sich in der geschlechtlichen Begegnung zur Weitergabe des Lebens hin öffnet, ist Zeichen der geistlichen Fruchtbarkeit der bräutlichen Begegnung.

Der eigentliche Gegenstand des ehelichen Akts

Aus unserer personalistischen Perspektive heraus können wir jetzt verstehen, was der eigentliche Gegenstand des ehelichen Akts ist und welche ethische Bedeutung in diesem Zusammenhang die Fortpflanzung bekommt. Natürlich wäre es falsch, den ehelichen Akt nur als Mittel zur Fortpflanzung zu betrachten. Der eheliche Akt ist kein Mittel zum Erreichen eines höheren Ziels, durch das allein er auf moralischer Ebene „entschuldbar" wäre. Im Hinblick auf die Sexualmoral von „Zielen" zu sprechen, kann zu schädlichen Mißverständnissen führen. Würde man das menschliche Handeln auf der Grundlage eines technischen Effizienzmodells betrachten, dann läge – im Interpretationsmuster „Mittel zum Zweck" – der Wert des ehelichen Aktes nur darin, daß dieser zur Fortpflanzung führt. Das Ziel läge also außerhalb des ehelichen Akt selbst. Der eheliche Akt hat jedoch, als menschlicher Akt, in erster Linie einen immanenten Wert, der dem Subjekt innewohnt: Er ist Ausdruck und Verwirklichung der Selbsthingabe. Das Ziel der Fortpflanzung ist also keineswegs eine mögliche biologische Folge, die auf einer Ebene liegt, die außerhalb des Geschehens angesiedelt ist, sondern ein immanentes „Gut", eine Erfüllung, die dem Handeln selbst innewohnt. Fortpflanzung und Vereinigung sind zwei wesentliche „Sinngehalte" des ehelichen Akts.

Der Gegenstand einer menschlichen Handlung ist, aus der Perspektive des Handelnden heraus betrachtet, ihr intentionaler Inhalt.[15] Im ehelichen Akt ist der grundlegende Aspekt und der primäre Gegenstand die liebende Vereinigung der Eheleute, die verwirklicht wird im ganzen emotionalen, leiblichen und seelischen Reichtum zweier Personen, die „ein Fleisch" werden („una caro": vgl. Gen 2,24). Die Öffnung zur Fortpflanzung hin ist eine grundlegende Intention, eine notwendige Voraussetzung dafür, daß der eheliche Akt ein wirklicher Liebesakt ist. Das ist der tiefe Sinn dessen, was die Dokumente *Humanae vitae* und *Familiaris consortio* lehren: Die beiden „Sinngehalte" des ehelichen Akts – Vereinigung und Fortpflanzung – setzen einander gegenseitig voraus: Es gibt keine wahre Einheit ohne Öffnung zur Zeugung hin; es gibt keine wahre Verantwortung für die Fortpflanzung ohne eine ganzheitliche Hingabe der Eheleute auf leiblicher und geistlicher Ebene. Das bedeutet – mit offensichtlichen Folgen für die eigentliche moralische Ebene –, daß die Fortpflanzung, die nicht in wahrer ehelicher Liebe und aus dem leiblichen und geistlichen Akt heraus stattfindet, keine wahre verantwortliche Fortpflanzung ist. Zum Schutz der Würde der Zeugung einer menschlichen Person muß diese in wahrer Hingabe geschehen, sowohl auf geistiger Ebene (gegenseitige freie Hingabe im Rahmen der Ehe) als auch auf leiblicher Ebene. Auf der anderen Seite ist die Öffnung zur Fortpflanzung hin ein grundlegender Aspekt des wahren ehelichen Liebesakts. Wenn ein Zeugungsakt aus dem Rahmen der ehelichen Liebe herausgenommen wird, verliert er seine Würde als *pro-creatio*, in der die Eheleute mit Gott zusammenwirken, um neues menschliches Leben hervorzubringen. Wenn er seiner prokreativen Bedeutung beraubt wird, ist der Geschlechtsakt nicht mehr derselbe. Er besitzt dann nicht mehr die Würde der vollen bräutlichen Dimension der ganzheitlichen gegenseitigen Hingabe der Personen.

Hier muß unterschieden werden zwischen „Funktion" und „Sinngehalt" der Fortpflanzung.[16] Die Funktion der Fortpflanzung liegt auf rein biologischer Ebene: Sie betrifft die physischen Folgen einer bestimmten Handlung. Ihr Sinngehalt dagegen liegt auf der intentionalen und somit eigentlichen moralischen Ebene. Nur der Sinngehalt ist für die moralische Beurteilung des Handelns relevant. Ein Geschlechtsakt kann vom biologischen Gesichtspunkt her ohne jegliche prokreative Funktion sein (er kann unfruchtbar sein, weil er während einer unfruchtbaren Phase der Frau stattgefunden hat), gleichzeitig kann aber sein prokreativer Sinngehalt gewahrt sein. Der Akt

149

dagegen, bei dem ein Verhütungsmittel angewandt wird, hat gewiß keinen prokreativen Sinngehalt (dieser wird ihm durch die bewußte Entscheidung des Paares genommen), kann aber dennoch eine prokreative Funktion behalten (zum Beispiel durch einen Fehler in der Anwendung des Verhütungsmittels). Durch die Öffnung zur Weitergabe des Lebens wird die Wahrheit der Vereinigung im ehelichen Akt gewährleistet. Wenn er sich nicht zum Leben hin öffnet, wenn die Fortpflanzungsabsicht bewußt verneint wird, dann ist der Geschlechtsakt kein wirklich ehelicher Geschlechtsakt mehr. Er verkommt zur Instinktbefriedigung und ist keine Liebesbegegnung zwischen den Personen. Man kann also wirklich sagen, daß das Lehramt der Kirche, vor allem in der Enzyklika *Humanae vitae* und im Apostolischen Schreiben *Familiaris consortio*, die Voraussetzungen dargelegt hat, unter denen die eheliche Sexualität wahrer Ausdruck der Liebe sein kann. Diese Lehre ist letztendlich die Verteidigung der Sexualität als wirklicher Ausdruck ehelicher, personaler Liebe.[17] Die personale Würde der Eheleute in ihrer Berufung zur ehelichen Liebe wird gefördert, wenn man ihnen hilft, den Geschlechtsakt im Rahmen „wirklicher Liebe" *(Gaudium et spes,* Nr. 51) zu bewahren.

3. Tugend der Keuschheit und ethische Normen

Die prokreative Verantwortung kann nur mit Hilfe der Tugend der ehelichen Keuschheit verwirklicht werden.[18] Wie jede Tugend, so ist auch die eheliche Keuschheit auf die Liebe ausgerichtet. Sie verwandelt die subjektiven inneren Veranlagungen, damit Triebe und Gefühle nicht zu zersetzenden Kräften der Persönlichkeit werden, die die Hingabe der Eheleute zersplittern und ihr im Weg stehen, sondern sie vielmehr integriert werden im Hinblick auf die Person des anderen und ihres hohen Wertes. Instinkt und Gefühl sind auf partielle Eigenschaften des Leibes und der Persönlichkeit des anderen ausgerichtet; sie haben einen Hang zur Instabilität und zur Zufälligkeit und neigen dazu, die gefühlsmäßigen oder psychologischen Reaktionen und die eigene Befriedigung in den Mittelpunkt zu stellen. Das geschlechtliche Verlangen drängt uns, als unvollständige und bedürftige Wesen, aus uns selbst herauszugehen, um nach Erfüllung zu suchen. Im Grunde ist es jedoch zweischneidig, und wenn man ihm freien Lauf läßt, „benutzt" es die andere Person für sich selbst, ohne sich wirklich der Begegnung zu öffnen. Es muß erzogen werden, um zu seinem wahren Zweck, zur personalen Gemeinschaft, zu gelangen. An diesem Punkt kommt die moralische Norm ins Spiel. Indem sie der Person die unmittelbare Befriedigung des Verlangens versagt, lädt sie ein, aus der narzißtischen Selbstverschlossenheit herauszukommen und macht sie zur Begegnung mit dem anderen bereit. Sie stellt sich der Neigung zum unmittelbaren geschlechtlichen Genuß entgegen und öffnet so für die Begegnung mit der Person. Das Gebot, das scheinbar dem Verlangen ein Hindernis in den Weg legt, richtet es in Wirklichkeit auf die Erfüllung seiner tiefsten Wünsche aus. Das Gesetz dient daher der Herausbildung der Tugend.[19] Die Keuschheit ist das durch die Vernunft ausgerichtete Verlangen. Sie ist eine instinktive und emotionale Sensibilität, die nicht unterdrückt, sondern dazu erzogen wird, zur Person des anderen in seiner vollen Wahrheit zu gelangen. Sie ist die Tugend der wahren Liebe, als aufrichtige Selbsthingabe und wahre Annahme des anderen.

Die moralische Norm in bezug auf die Empfängnisverhütung

Unter dem Gesichtspunkt der ehelichen Keuschheit kann man auch die „negativen" moralischen Normen verstehen, die die katholische Kirche in bezug auf die verantwortliche Fortpflanzung lehrt. Diese sind ethische Urteile, die bestimmte Verhaltensweisen im Bereich der Sexualität und der Fortpflanzung negativ bewerten. Es geht dabei sowohl um die Manipulierungen des ehelichen Akts, die ihn seiner Öffnung zum Leben hin berauben, als auch um die künstliche Befruchtung, die darauf abzielt, unabhängig vom ehelichen Geschlechtsakt zur Fortpflanzung zu gelangen.

Was das erste Problem betrifft, so hat das Lehramt der Kirche in der Enzyklika *Humanae vitae* (Nr. 14) die moralische Zulässigkeit der Empfängnisverhütung verneint, also der Entscheidung, dem Geschlechtsakt vorsätzlich die Möglichkeit der Fortpflanzung zu nehmen. Die Absicht zur Empfängnisverhütung entspricht einer vorsätzlichen Zurückweisung der prokreativen Dimension, die ein grundlegendes Element der ganzen Wahrheit des ehelichen Aktes ist. Durch diese Entscheidung wird die Würde des Geschlechtsakts vorsätzlich verkürzt – man will ihn, weil er zur leiblichen Vereinigung führt, lehnt ihn aber als Öffnung gegenüber dem menschlichen Leben ab. Durch die Ablehnung nicht nur der biologischen Funktion, sondern auch des prokreativen Sinngehalts des Geschlechtsakts kann dieser nicht mehr in die prokreative Verantwortung integriert werden, die gemäß dem ursprünglichen Plan Gottes die eigentliche Berufung der Eheleute ist. Ein solcher Geschlechtsakt ist kein angemessener Ausdruck der gegenseitigen totalen Hingabe der Eheleute in ihrer leiblich-seelischen Einheit mehr. Er ist ein Sich-Geben, ohne sich wirklich und vollständig hinzugeben, ein Sich-Geben, das den Hingabeakt seiner wahren Tragweite beraubt. Er ist eine Lüge, die sich in das Geben eingeschlichen hat.

Von diesem Gesichtspunkt her kann man schließen, daß ein Geschlechtsakt, bei dem ein Empfängnisverhütungsmittel zur Anwendung kommt, kein wirklicher ehelicher Akt mehr ist. Man kann mit Recht sagen, daß die Empfängnisverhütung, da sie die Vereinigung von der Fortpflanzung loslöst, die Ganzheit der Hingabe in der Vereinigung angreift und ein zersetzendes

Element in das Eheleben hineinbringt. Die „Verhütungsmentalität" ist eine absichtliche Zurückweisung der Verantwortung für die prokreativen Folgen des eigenen geschlechtlichen Verhaltens. Sie schlägt sich nieder in dem Slogan „Sex ohne Kinder", der typisch ist für hedonistisches und freigeistiges Gedankengut.

Die moralische Norm in bezug auf die künstliche Befruchtung

Die künstliche Befruchtung stellt die andere Seite des Problems dar: Was soll man von der Zeugung eines Kindes halten, die unabhängig von einem Geschlechtsakt herbeigeführt wird? Das 1987 veröffentlichte Dokument der Kongregation für die Glaubenslehre *Donum vitae* legt die diesbezüglichen Normen dar. Das grundlegende Kriterium ist folgendes: Der Empfangene darf aufgrund seiner personalen Würde „nicht als Produkt eines Eingriffs medizinischer Techniken gewollt oder empfangen werden: Dies würde bedeuten, ihn zum Objekt einer wissenschaftlichen Technologie zu erniedrigen" und würde so sein Auf-die-Welt-Kommen „den Bedingungen technischer Effizienz unterwerfen, die nach den Maßstäben von Kontrolle und Beherrschung bewertet werden" (II, B., 4., c.). Das bedeutet, daß die biologischen Voraussetzungen für das Entstehen eines neuen Lebens durch einen personalen Geschlechtsakt der Eheleute gegeben sein müssen. Der ärztliche Eingriff ist moralisch gerechtfertigt, wenn er dazu dient, die Natur zu unterstützen und ihre Mängel zu beheben. Er darf jedoch nicht den ehelichen Akt ersetzen.

Wenn nämlich das Kind das Ergebnis eines *facere* (machen) anstelle eines *agere* (handeln) ist, einer technischen Produktion durch Biologen und Ärzte anstelle eines menschlichen Hingabeakts von seiten der Eheleute, dann versagt man ihm die Würde, die der der Eltern und Ärzte gleichkommt. Als „Produkt" muß es den Wünschen derer entsprechen, die seine Planung in Auftrag gegeben haben. Es ist in einen Plan eingebunden, der die Qualität des Produkts überwacht. Kranke oder behinderte Kinder, die durch künstliche Befruchtung zur Welt gekommen waren, wurden abgelehnt. Das sind nicht einfach nur traurige Randerscheinungen. Vielmehr sind dies die unvermeidlichen Folgen einer Logik, die von Anfang an die volle personale Würde des Kindes nicht anerkennt – ganz zu schweigen von der Embryonenselektion, abgetriebenen Föten und von denen, die nur zu experimentellen Zwecken gezeugt werden. Nur allzu oft erfährt man nichts von ihnen, und man macht aus ihnen kein ethisches Problem.

Die moralischen Normen, die wir erwähnt haben, sind in negativen Begriffen formuliert: Sie sind ein „Nein" zu bestimmten Verhaltensweisen, die in unserer Gesellschaft weitverbreitet sind. Es handelt sich dabei nicht um außergewöhnliche moralische Probleme oder sogar um Haarspaltereien, sondern um das, was die Grundlage einer Kultur der Familie berührt, weil sie die Wahrheit der Hingabe der Personen, die Achtung vor dem Leben und die Gleichheit der Würde aller Menschen ins Spiel bringen. Oft werden sie als Beschränkungen der Freiheit wahrgenommen, die die Lehre der Kirche oft dem Vorwurf aussetzen, unzeitgemäß und unsensibel zu sein. Ich hoffe, daß deutlich geworden ist, daß in Wirklichkeit hinter jedem „Nein" gleichzeitig ein „Ja" zur Würde der menschlichen Liebe und der Fortpflanzung steht. Das, was bezüglich der Sexualität und der Zeugung auf dem Spiel steht, ist die Sicht des Menschen und daher auch die Sicht der Gesellschaft. Der Sexualität wohnt eine existentielle Bedeutung und ein großer Wert inne. Daher betrifft die entscheidende Herausforderung in bezug auf die Zukunft der Menschheit auch und in gewisser Hinsicht vor allem die Sexualität. Die Sexualität wird banalisiert und zu einem reinen Konsumgut bar jeder Verantwortung herabgewürdigt. Als Jünger der biblischen Überlieferung haben wir die Verantwortung zu zeigen, daß nur in der Perspektive des göttlichen Plans, der uns offenbart wurde, die menschliche Liebe ganzheitlich Verwirklichung finden und die erhabene Würde der Person gewahrt werden kann.

4. Schluß: Elternschaft und Hoffnung

Ich möchte im Licht eines weiteren großen Psalms schließen, der von der Bedeutung der Fortpflanzung spricht. Psalm 127 verkündet die Herrschaft Gottes über die Fortpflanzung des Menschen und das kostbare Gut der Kinder, das Gott gewährt: „Kinder sind eine Gabe des Herrn, die Frucht des Leibes ist sein Geschenk. Wie Pfeile in der Hand des Kriegers, so sind Söhne aus den Jahren der Jugend. Wohl dem Mann, der mit ihnen den Köcher gefüllt hat!" (Ps 127,3–5). Das Kind wird mit einem Pfeil verglichen, der das menschliche Leben auf die Zukunft hin ausrichtet, wie ein göttlicher Segen, der dem Leben Antrieb gibt und durch den man die Feinde überwinden kann, begonnen bei dem großen Feind: der Zeit, die vorübergeht und alles im Tod verschlingt. Der große französische Dichter Charles Péguy spricht ebenso in einem wunderschönen Gedicht über die Kinder als Antriebskraft für die Hoffnung, die dem Leben, der Arbeit, der Mühe ihren Sinn gibt: „Aber hätte der Vater den Mut, zu schuften, wenn er nicht seine Kinder hätte (...). Weil wir uns doch für sie plagen. Um die Wahrheit zu sagen. Man plagt sich ja doch nur für sie. Alles geschieht nur für sie".[20]

Heute, im demographischen Rückgang unserer westlichen Gesellschaften, scheint es, daß eben dieser Antrieb der Hoffnung schwächer geworden oder sogar zum Stillstand gekommen ist. Man will Kinder um jeden Preis oder lehnt sie ab, je nachdem, ob sie dem eigenen Wunsch entsprechen oder nicht, so als wäre dieser Wunsch das einzige Gesetz. Man tut sich schwer, sie als ein Geschenk zu betrachten, vor dem wir „die Knie beugen", weil es von Gott kommt. Es heißt, daß es besser sei für das Kind, wenn es erwünscht anstatt nur geduldet ist, aber es gibt nichts Tragischeres als zu existieren, um die Erwartungen anderer zu erfüllen. Wünsche sind wichtig im Leben und für das Handeln, aber um sich und andere nicht zu zerstören, müssen sie frei sein von der Anmaßung, den anderen zu bemessen. Wir müssen akzeptieren, daß sie auf ganz andere Weise erfüllt werden können, als wir uns es vorstellen. Wenn man erkennt, daß dem Wunsch eine Liebe vorausgeht, die ihn lenkt, dann kann er sich in Hoffnung verwandeln.

IX. VERANTWORTLICHE ELTERNSCHAFT.
DIE NATÜRLICHE EMPFÄNGNISREGELUNG UNTER BEACHTUNG DER SPRACHE DER LIEBE

Um die anthropologischen Werte, die in der Wahl der natürlichen Empfängnisregelung enthalten sind, wirklich zu erfassen, muß zunächst der Begriff der Elternschaft und der damit verbundene Begriff der verantwortlichen Fortpflanzung geklärt werden. Letztere ist die Verantwortung, Leben hervorzubringen – die Keimzelle einer Elternschaft, die sich dann als Berufung und bleibende Dimension auf die ganze eigene Existenz ausweitet. Dies ist die anthropologische und zugleich ethische Grundlage zum Verständnis der Einstellungen und der einzelnen Wahlakte. Gerade um den Begriff der verantwortlichen Fortpflanzung herum haben sich die größten Mißverständnisse gebildet. Es ist eine alternative Kultur entstanden, die nicht nur die ethischen Entscheidungen unannehmbar macht, die auf der Grundlage des katholischen Lehramts getroffen werden, sondern auch das Prinzip der Vaterschaft und das der Mutterschaft in Frage stellt. Wir werden in zwei Schritten vorgehen. Zunächst werden wir den Begriff der verantwortlichen Fortpflanzung näher betrachten – ganz generell im Hinblick auf die Elternschaft und mit Bezug auf die Herausforderungen des kulturellen Umfelds der heutigen Zeit. Danach werden wir die Anforderungen und Werte, die in der natürlichen Empfängnisregelung enthalten sind, näher erläutern.

1. Der Begriff der „verantwortlichen Fortpflanzung"

Im Zusammenhang mit dem, was im letzten Kapitel gesagt wurde, können wir das tief verwurzelte Mißverständnis begreifen, das sich im heutigen Sprachgebrauch dort eingeschlichen hat, wo von „verantwortlicher Fortpflanzung" die Rede ist. Dieser Begriff wird nämlich zur Bezeichnung unterschiedlicher und gegensätzlicher Dinge verwendet. Der gegenwärtige Sprachgebrauch ist von einer geburtenfeindlichen Ideologie geprägt und beherrscht durch die Massenmedien die öffentliche Meinung. Der Begriff „verantwortliche Fortpflanzung" wird sogar gleichgesetzt mit der Anwendung von Verhütungsmitteln als einziges technisch sicheres Mittel zur Geburtenkontrolle und somit zu einem „verantwortlichen" Verhalten – so will man zumindest glauben machen – hinsichtlich der Probleme, die mit der Weltentwicklung verbunden sind. In der Lehre der Kirche jedoch hat der Begriff „verantwortliche Elternschaft" eine ganz andere Bedeutung: Er bringt hier eine moralisch verantwortliche Einstellung zum ehelichen Geschlechtsakt, der neues menschliches Leben hervorbringen kann, zum Ausdruck. Das Problem liegt also auf der Ebene der Moral, auf der Ebene der Absichten und des Handelns, das diese Absichten ausdrückt, und nicht auf der rein technischen Ebene der Mittel, durch die man eine getroffene Entscheidung umsetzt.

Die ethische Irrelevanz der Unterscheidung zwischen „künstlich" und „natürlich"

Mit diesem Mißverständnis ist ein weiteres verbunden, das im Vorfeld ausgeräumt werden muß, um Verwirrung zu vermeiden. Selbst in der katholischen Moraltheologie gibt es einen weitverbreiteten Irrtum bezüglich der Lehre der Enzyklika *Humanae vitae*. Die Kirche beurteilt die chemischen Verhütungsmittel (die „Pille") negativ und ist offen gegenüber den sogenannten „natürlichen Methoden". Der entscheidende Grund dafür läge in der Unterscheidung zwischen „künstlich" und „natürlich". Es heißt, die „Pille" würde abgelehnt, da sie einen „künstlichen" Eingriff in die Fortpflanzungsphysiologie bedeute, während die „natürlichen Methoden" befürwortet würden, weil sie die natürlichen Abläufe respektieren. Dieselbe Logik einer Ablehnung jedes künstlichen Eingriffs liege, so heißt es, auch der negativen moralischen Beurteilung der künstlichen Befruchtung zugrunde.

Diese Auslegung macht Einwände gegen die katholische Lehre natürlich sehr einfach. Dieser wird vorgeworfen, die Natur und ihre biologischen Rhythmen zu „heiligen" und sich wieder einmal wissenschaftlichen Errungenschaften zu widersetzen. Warum sollte es erlaubt sein, Aspirin gegen Kopfschmerzen einzunehmen oder eine Brille zu tragen, um besser sehen zu können? Schließlich sind auch dies „künstliche" Mittel zum Ausgleich von Mängeln der Natur. Warum aber sollte es nicht erlaubt sein, chemische Präparate zur Ovulationshemmung anzuwenden, um aus gerechtem Grund auf verantwortliche Weise die Empfängnis zu verhüten? Machen sich in der Position der Kirche nicht doch atavistische Tabus in bezug auf die Sexualität bemerkbar, die dazu führen, daß in diesem Bereich anders argumentiert wird als bei anderen körperlichen Eingriffen? So wird die katholische Position in die Nähe der „grünen Ökologie" gerückt, die, durch den Mißbrauch der Technik erschreckt, die Natur heiligt und jedem künstlichen Eingriff die moralische Berechtigung abspricht.

Hierzu muß gleich gesagt werden, daß die Achtung der Reproduktionsphysiologie als solche keine moralische Bedeutung besitzt. Nicht der natürliche Fruchtbarkeitsprozeß muß geachtet werden und liegt der Norm zugrunde, sondern vielmehr die Natur des ehelichen Akts, der die Wahrheit der ehelichen Liebe zum Ausdruck bringen soll, in ganzheitlicher interpersonaler Hingabe, die offen ist für das Leben. Dies zu verstehen, ist sehr wichtig. Unter moralischem Gesichtspunkt darf eine Frau sehr wohl Medikamente einnehmen, die dazu dienen, einen unregelmäßigen weiblichen Zyklus zu regulieren. Ebenso kann der Arzt in die menschliche Reproduktionsphysiologie eingreifen, um Krankheiten zu heilen, auch wenn diese „künstlichen" Eingriffe zu einer vorübergehenden oder ständigen Sterilität führen können. Vom moralischen Standpunkt her wäre dies keine „Verhütung". Andererseits gibt es Formen der Verhütung, die vollkommen „natürlich" – in dem Sinne, daß kein „künstliches" Mittel zur Anwendung kommt (wie zum Beispiel beim *coitus interruptus)* – und dennoch moralisch negativ zu bewerten sind. Die Unterscheidung zwischen künstlich und natürlich ist also für die ethische Bewertung eines menschlichen Akts nicht entscheidend.

Mitwirkend mit der Liebe Gottes des Schöpfers und gleichsam Interpreten dieser Liebe

Das Ehepaar ist aufgerufen, moralisch verantwortlich zu handeln, und das schließt eine Entscheidungsfindung ein, die nach dem Willen Gottes sucht. Die Eheleute bringen weder einfach nur bereits festgelegte moralische Normen zur Ausführung, noch sind sie willkürliche und autonome Herrscher über die prokreative Dimension ihrer Sexualität. Das Zweite Vatikanische Konzil definiert sie in der Konstitution *Gaudium et spes* „als mitwirkend mit der Liebe Gottes des Schöpfers und gleichsam als Interpreten dieser Liebe" in der Aufgabe, das menschliche Leben weiterzugeben und zu erziehen (Nr. 50). Das Mitwirken mit Gott ist kein passiver Gehorsam gegenüber bereits festgelegten Regeln, sondern die Berufung, mit der ganzen Menschennatur (Intelligenz, Wille, Affektivität) die edle Aufgabe der Weitergabe des Lebens zu übernehmen. Die Beachtung der objektiven Bedeutungen, die vom Schöpfer in die menschliche Sexualität eingeschrieben sind und das Bewußtsein über den einzigartigen und unverkürzbaren Wert der menschlichen Fortpflanzung sind unverzichtbar.

2. In der natürlichen Empfängnisregelung enthaltene Anforderungen und Werte

Wir können uns jetzt dem zweiten Punkt unserer Überlegungen zuwenden: den Anforderungen und Werten, die in der Wahl der periodischen Enthaltsamkeit zur natürlichen Empfängnisregelung enthalten sind. Einer der am häufigsten zu hörenden Einwände gegen die periodische Enthaltsamkeit betrifft die *hohen Anforderungen*, die sie stellt. Zu ihrer wirksamen Umsetzung bedarf es nämlich nicht nur einer guten Kenntnis des Leibes und seiner Fruchtbarkeitsrhythmen, sondern der Selbstkontrolle über die instinktiven und emotionalen Triebe der menschlichen Geschlechtlichkeit sowie eines ständigen und tiefen Dialoges des Ehepaars. Ein noch tiefer greifender Einwand betrifft die Notwendigkeit, die Zeiten zu berechnen und Selbstkontrolle zu üben, die in Gegensatz gesehen wird zur Forderung nach der Unmittelbarkeit der Liebesgeste: Zerstört diese ganze Kontrolle nicht die Spontaneität der Liebe zwischen den Eheleuten? Die Verhütung erweist sich als technisch viel einfacher und zugänglicher; das chemische oder technische Mittel macht all die persönlichen Voraussetzungen, die sich nur schwer umsetzen lassen, überflüssig.

Man darf vor den hohen Anforderungen, die die natürlichen Methoden stellen und die viele Ehepaare aus Erfahrung bezeugen können, nicht die Augen verschließen oder sie unterschätzen. Sie anzuwenden, erfordert Geduld, ständiges Bemühen und sittliche Askese beim Überwinden der Schwierigkeiten. Man schwimmt damit gegen den Strom – nicht nur gegen den Strom der hedonistischen und technikgläubigen Mentalität, die in unserer Welt vorherrscht, sondern auch gegen den unmittelbaren instinktiven Trieb. Die Eheleute jedoch, die sich mutig dieser Herausforderung stellen, geben Zeugnis davon, daß sie nach und nach zu einem Faktor werden kann, der das Wachstum der Person und der gegenseitigen Liebe fördert. So sagt auch Paul VI. in der Enzyklika *Humanae vitae:*

Ganz sicher ist diese geistige Herrschaft über den Naturtrieb ohne Askese nicht möglich. Nur so vermag man die dem ehelichen Leben eigentümlichen Ausdrucksformen der Liebe in Einklang zu bringen mit der rechten Ordnung. Das gilt besonders für jene Zeiten, in denen man Enthaltsamkeit üben muß. Solche Selbstzucht, Ausdruck ehelicher Keuschheit, braucht keineswegs der Gattenliebe zu schaden; sie erfüllt sie vielmehr mit einem höheren Sinn für Menschlichkeit. Solche Selbstzucht verlangt zwar beständiges Sich-Mühen; ihre heilsame Kraft aber führt die Gatten zu einer volleren Entfaltung ihrer selbst und macht sie reich an geistlichen Gütern. Sie schenkt der Familie wahren Frieden und hilft, auch sonstige Schwierigkeiten zu meistern. Sie fördert bei den Gatten gegenseitige Achtung und Besorgtsein füreinander; sie hilft den Eheleuten, ungezügelte Selbstsucht, die der wahren Liebe widerspricht, zu überwinden, sie hebt bei ihnen das Verantwortungsbewußttsein für die Erfüllung ihrer Aufgaben (Nr. 21).

So wird das, was zunächst ein Einwand zu sein schien, im Gegenteil zu einem positiv zu bewertenden Element. In diesem zweiten Teil der Reflexion möchte ich nun zeigen, daß der Wert der natürlichen Empfängnisregelung eben darin besteht, daß sie *nur* ein Mittel zur Erkenntnis ist, sich aber nicht an die Stelle der Person stellt. Sie ersetzt das persönliche Handeln nicht durch technische Mittel und verlangt so ein Heranreifen der Tugenden, fördert die Verantwortung und das Wachstum der Personen in ihrer Berufung zur Liebe. Gerade in der Begrenztheit des Mittels, das nur auf diagnostischer Ebene eingreift, liegt der moralische Wert einer Methode, die durch die ihr eigene Natur die Personen zur Reife bringt.

Die Argumentation wird in drei Schritten fortgeführt: Zunächst möchte ich die Würde der Person als Berufung zur Liebe behandeln, danach den ehelichen Akt als besonderen Ausdruck der Selbsthingabe und der Annahme des anderen. Dann wird es im Licht der vorangegangenen Überlegungen möglich sein, den Wert der natürlichen Empfängnisregelung zu erfassen – als Mittel, das Bewußtsein dieser Berufung durch die Tugend der Keuschheit zu fördern.

Die Würde der Person als Berufung zur Liebe

Der Begriff der „Person" drückt nach Thomas von Aquin Folgendes aus: „das Vollkommenste in der ganzen Natur, also ein in der vernünftigen Natur subsistierendes Wesen".[1] Während der Begriff „Mensch" Bezug nimmt auf die universale menschliche Natur, auf die gemeinsame Spezies, die in vielen Exemplaren zum Ausdruck kommt, verweist der Begriff „Person" auf das einzigartige menschliche Wesen in seiner konkreten und unwiederholbaren individuellen Wirklichkeit. Mit dem Personbegriff ist das Konzept einer besonderen Würde, die anerkannt und geachtet werden muß, eng verknüpft.[2] Von der „Person" zu sprechen bedeutet, auf eine besondere Würde der Existenz zu verweisen, die ihren Zweck in sich selbst besitzt und niemals nur als Mittel für etwas anderes gebraucht werden darf. Wir wollen jetzt diese herausragende Würde der Person genauer untersuchen.

Der eigentliche und spezifische Grund für diese Würde der Person liegt nicht einfach nur in der gemeinsamen menschlichen Natur, an der sie zusammen mit allen anderen Milliarden von Menschen teilhat, sondern in der Tatsache, daß sie eine „einzigartige und unwiederholbare" Person ist, wie Johannes Paul II. stets betonte.[3] Während die Tradition immer wieder vor allem die rationale und freie Natur hervorhob, stellt die moderne Sensibilität die Einzigartigkeit des einzelnen Subjekts in den Vordergrund, durch die es mit einer autonomen und unmittelbaren Innerlichkeit ausstattet ist. Obgleich es im Laufe der Geschichte zahllose Menschen gegeben hat und gibt, existiert jede Person auf der Welt so, als wäre sie die einzige: *sui iuris et alteri incommunicabilis.* Da der Mensch als Person nicht einfach nur ein Exemplar einer Spezies ist, geht sein individueller Wert über die gemeinsame Natur und das Kollektiv hinaus.

Die Person verweist auf ein sehr konkretes Ganzes, das die gemeinsame Natur der menschlichen Spezies mit all ihren Charakteristiken natürlich einschließt; das individuelle Subjekt macht sich jedoch diese Natur auf einzigartige Weise zu eigen. Die konkret existierende Ganzheit der Person übersteigt in ihrem Wert die gemeinsame Natur und die Summe der einzelnen Teile. Zusammenfassend könnte man sagen, daß die Person zwar eine Natur besitzt, aber nicht auf diese verkürzt werden kann. Romano Guardini schrieb in diesem Zusammenhang:

> Auf die Frage: „Was ist Deine Person?" – kann ich nicht antworten: „mein Körper, meine Seele, mein Verstand, mein Wille, meine Freiheit, mein Geist". Das alles ist noch nicht die Person, sondern gleichsam erst deren Stoff; sie selbst ist die Tatsache, daß es in der Form der Selbstgehörigkeit besteht.[4]

Auch kann man die Person nicht auf die individuellen Qualitäten verkürzen, die sie auszeichnen und wertvoll machen, wie Intelligenz, Einfühlsamkeit, Güte und so weiter. Diese können schwinden und vergehen, ohne den Wert der Person zu mindern. Gerade in der Erfahrung der Liebe offenbart sich die Originalität der konkreten Person. In ihr nämlich zeigt sich die Unersetzlichkeit des Geliebten durch irgendeine andere Person. Wer liebt, kann sich niemals über den Verlust des Geliebten hinwegtrösten, indem er sagt: „Dieselben Qualitäten, die er besaß, kann ich in einer anderen Person wiederfinden, denn letztendlich setzt sich die menschliche Spezies fort, und es finden sich in ihr gewiß auch andere Menschen mit hervorragenden Qualitäten". Wer so redete, würde zeigen, daß er niemals wirklich geliebt hat, daß er in seiner Liebe niemals beim tiefen und einzigartigen Geheimnis der Person des anderen angelangt, sondern an der Oberfläche geblieben ist. Er hat Dinge am anderen geschätzt, aber nicht seine Person. Gegenstand der Liebe sind nicht die gemeinsamen Merkmale der Spezies, aber auch nicht die individuellen Qualitäten des einzelnen, sondern die einzigartige und unverkürzbare Person des anderen.

Das, was am anderen auf nicht verkürzbare Weise persönlich ist, was seine herausragende Würde auszeichnet, ist seine Subjektivität. Der zeitgenössische Personalismus hat mit Nachdruck gezeigt, daß die Person nicht auf die Kategorie des Objekts verkürzt werden kann, sondern als Subjekt betrachtet werden muß. Auf dieser Linie konnte der Philosoph Karol Wojtyła sagen: „Die Subjektivität zeigt an, daß der Mensch nicht auf die nächstliegende Gattung oder den artbildenden Unterschied verkürzt oder durch sie erklärt werden kann. Subjektivität ist das Synonym all dessen, was im Menschen nicht verkürzbar ist".[5]

Nun ist die Person gerade auf der Grundlage der Unvermittelbarkeit und Unverkürzbarkeit des Subjekts offen für die Beziehung zur anderen Person. Die Subjektivität offenbart sich deutlich in der Begegnung mit der Person des anderen.[6] Sie ist daher kein Verschlossensein in sich selbst, in einer überheblichen Selbstgenügsamkeit, sondern Öffnung zur Gegenseitigkeit, zum Dialog, in der sich die Beziehung von Subjekt zu Subjekt zeigt. In der Liebe offenbart sich die Person als Person, in ihrer unwiederholbaren Einzigartigkeit. So wird die Aussage von Max Scheler verständlich, der zufolge man „die Person nur dann entdeckt, wenn man sie liebt".[7] Die unverkürzbare Unterschiedlichkeit jeder Person wird zum Ruf zu einer Gemeinschaft zwischen den Personen. Im Mittelpunkt der Person steht also eine Berufung, die dazu einlädt, aus sich selbst herauszugehen und sich zu öffnen zur Begegnung mit dem anderen, zur Annahme und gegenseitigen Hingabe.

Einerseits ist die einzige Haltung, die der Würde einer Person entspricht, die Liebe: die Bestätigung des anderen an sich. Andererseits ist man nur in der Liebe wirklich Person, denn die

Liebe ist die Umsetzung der Freiheit, die die Person als solche vollendet, in der Hingabe ihrer selbst an den anderen. Dies ist die personalistische Auffassung, die sich das Zweite Vatikanische Konzil in der pastoralen Konstitution *Gaudium et spes* zu eigen gemacht und über die Johannes Paul II. immer wieder aufs neue nachgedacht, die er vertieft und vorgelegt hat, daß nämlich „der Mensch, der auf Erden die einzige von Gott um ihrer selbst willen geliebte Kreatur ist, sich selbst nur durch die aufrichtige Hingabe seiner selbst vollkommen finden kann" (Nr. 24). Der letztendliche Grund für die Würde der Person ist also ihre Berufung zur Liebe, in der allein sich die unverkürzbare Originalität eines jeden Menschen offenbart und verwirklicht.

Es ist für unsere Überlegungen wichtig anzumerken, daß der Leib ein fester Bestandteil der Person ist, an ihrer Würde teilhat und ihre Berufung zur Öffnung und zur Selbsthingabe mitbezeichnet. Vor allem ist die Person in ihrer konkreten Ganzheit eine substantielle Verbindung von Seele und Leib: Ohne den Leib gibt es keine Person.[8] Der Leib ist kein Gegenstand, den man je nach Lust benutzen und manipulieren kann, so als wäre er etwas Minderwertiges, etwas, das man „hat" und über das man frei verfügen kann. Eine Auffassung des Leibes als Mittel zum Zweck, wie sie heute vorherrscht, schließt einen Dualismus in sich, der Schaden anrichtet. In der scheinbaren Verherrlichung liegt eine Minderung und ein Verkennen seines Wertes verborgen.

Der Leib bestimmt dagegen zusammen mit dem Geist die seinsmäßige Subjektivität des Menschen und ist daher von der Würde der Person durchdrungen.[9] In seiner Männlichkeit und Weiblichkeit nimmt er den Wert eines „gewissermaßen sakramentalen Zeichens" der Person an. Er ist berufen, den Geist offenbar zu machen. Die Begegnung mit der anderen Person hat daher stets eine leibliche Dimension (die natürlich nicht immer eine geschlechtliche oder genitale Dimension ist), so daß sogar der Leib selbst berufen ist, in die Dynamik der Berufung der Person zur Selbsthingabe einzutreten, die in verschiedenen Formen verwirklicht wird.

Der eheliche Akt: besonderer Ausdruck der Annahme des anderen und der Selbsthingabe

Die geschlechtliche Ausprägung des menschlichen Leibes ermöglicht eine besondere Form der Begegnung mit der andersgeschlechtlichen Person: die Hochzeitlichkeit.[10] Wir haben diese einzigartige Form der Beziehung, die die eheliche Liebe ist, bereits oben behandelt. Die Person ist in ihrer Leiblichkeit zu einer Vielzahl persönlicher Beziehungen berufen: zur Freundschaft, Verwandtschaft, Kindschaft, Elternschaft und Zusammenarbeit. All dies bezeugt den Reichtum an Beziehungen, durch die die Person zur Selbsthingabe berufen ist. Sie kommen stets – mehr oder weniger intensiv und mit unterschiedlichen Gesten – durch die Vermittlung des Leibes zum Ausdruck. Die genitale Geschlechtlichkeit hat jedoch ihren Ort in der besonderen Form der ehelichen Liebe.

Jenseits all dessen, was die Person, die sich dem sexuellen Verlangen hingibt, auf emotionaler Ebene erlebt, besitzt der Akt von Mann und eine Frau eine symbolische Bedeutung, die die gegenseitige und totale Hingabe des einen an den anderen durch den Leib zum Ausdruck bringt. Gerade das ist, wie wir gesehen haben, der eingeschriebene, objektive moralische Gehalt der ehelichen Vereinigung.

Die natürliche Empfängnisregelung im Dienst der Würde der Person und der Berufung zur Liebe

So sind wir am Ende unserer Überlegungen angelangt und können die Ergebnisse zusammenfassen. Eine Definition der natürlichen Empfängnisregelung hilft zu begreifen, auf welcher Ebene ihr Dienst an der Würde der Eheleute und ihrer

Berufung zur Liebe steht. Unter natürlicher Empfängnisregelung verstehen wir die Gesamtheit der Erkenntnisse und Erziehungsmethoden, die es gestatten, die prokreative Verantwortung unter vollkommener Achtung des Bedeutungsgehalts der menschlichen Geschlechtlichkeit wahrzunehmen. Im Rahmen dieser Definition kommen dem Wort „natürlich" mindestens zwei sehr wichtige Bedeutungen zu. Einerseits bezieht es sich auf den physiologischen Aspekt der Geschlechtlichkeit: Die Regelung ist „natürlich", da keine künstlichen Mittel angewandt werden, um die Rhythmen und die normalen Voraussetzungen der menschlichen Fruchtbarkeit zu verändern. Andererseits bezieht sich das Wort „natürlich" auf die personalistische Dimension des Handelns: Eine Methode ist natürlich, wenn sie „dem Wesen der menschlichen Person und ihrer Akte" entspricht *(Gaudium et spes*, Nr. 51). In dieser moralischen Bedeutung ist die Natur, die geachtet wird, die der Vernunft: Sie erfaßt den Bedeutungsgehalt, der der menschlichen Geschlechtlichkeit als gegenseitige Hingabe der Personen innewohnt.

Die natürliche Empfängnisregelung als Erkenntnismittel steht auf der Ebene der Diagnostik der Rhythmen und Voraussetzungen der weiblichen Fruchtbarkeit. Diese Erkenntnisse sollen stets erweitert werden, sowohl über die Sicherheit und Einfachheit der Merkmale, als auch über die Genauigkeit der Ergebnisse. Gleichzeitig müssen die Untersuchungen auch darauf ausgerichtet sein, eine immer engmaschiger gefaßte Verbreitung zu ermöglichen. Als Erziehungsmethode sollen die unternommenen Bemühungen nicht nur eine angemessene Kenntnis der Geschlechtsphysiologie, sondern auch die inneren Voraussetzungen der Personen und Ehepaare fördern, durch die eine wirksame Anwendung dieser Methoden ermöglicht wird.

Unter ethischem Aspekt werden nicht die sogenannten „natürlichen Methoden" als solche einer Beurteilung unterzogen. Diese dienen nämlich nur der Beobachtung. Sie unterliegen nicht einer ethischen, sondern einer rein wissenschaftlichen und praktischen Bewertung, die die Zuverlässigkeit der gewonnenen Daten, die Einfachheit in bezug auf Anwendung und Didaktik etc. betrifft. Es fällt nicht in den Zuständigkeitsbereich der Kirche als solcher, auf dieser Ebene für die eine oder andere „natürliche Methode" Stellung zu nehmen. Sie hat ein großes pastorales Interesse an deren Fortentwicklung und freut sich über die Fortschritte, die in den letzten Jahren gemacht wurden. Das ermöglicht den Frauen, auf sehr einfache Weise direkt festzustellen, ob sie sich in einer fruchtbaren oder unfruchtbaren Periode befinden. Gegenstand moralischer Beurteilung ist aber das von den Eheleuten frei gewählte menschliche Verhalten, das darin besteht, periodische Enthaltsamkeit zu üben. Dabei machen sie sich die Erkenntnisse über die fruchtbaren oder unfruchtbaren Perioden der Frau zunutze, um die Zeugung eines Kindes hinauszuschieben oder zu vermeiden, oder um sie wahrscheinlicher zu machen, indem sie für den ehelichen Verkehr die fruchtbaren Perioden wählen.

Gerade in ihrer Begrenztheit und da sie eine persönliche Reife voraussetzen, besitzen die sogenannten „natürlichen Methoden" allerdings einen indirekten moralischen Wert. Sie treten nicht an die Stelle der Person und der Personen der Eheleute in ihrem Handeln. Sie manipulieren den Bedeutungsgehalt des ehelichen Akts nicht auf künstliche Weise, sondern achten seinen personalistischen Wert. Sie verlangen und ermutigen die Herausbildung der notwendigen persönlichen inneren Haltung und stellen sich so in den Dienst der Liebe.

In einer seiner Katechesen über die menschliche Liebe sagte Johannes Paul II.:

Das Wissen um die Zyklen der Fruchtbarkeit – so unerläßlich es ist – schafft noch nicht jene innere Freiheit der Hingabe, die ausdrücklich geistiger Natur ist und von der Reife des inneren Menschen abhängt. Diese Freiheit setzt die Fähigkeit voraus, die sinnlichen und emotionalen Reaktionen zu steuern, so daß

169

sie die Selbsthingabe an das andere Ich aufgrund des reifen Besitzes des eigenen Ich in seiner körperlichen und emotionalen Subjektivität ermöglicht.[11]

Die natürliche Empfängnisregelung ist mit anderen Worten ohne die Tugend der ehelichen Keuschheit kaum zu verwirklichen.[12] Diese ist Ausdruck einer geistigen Kraft, die die Gefühle dazu erzieht, sich in den Dienst der wahren Liebe zu stellen.

Im Zusammenhang mit der ehelichen Keuschheit können wir also auch den Wert der periodischen Enthaltsamkeit, die zur Umsetzung der natürlichen Empfängnisregelung notwendig ist, besser wahrnehmen. Sie kann dabei helfen, durch den Verzicht auf die unmittelbare sexuelle Befriedigung den Wert des anderen als Person deutlich hervortreten zu lassen. Die periodische Enthaltsamkeit erfordert einen Dialog und macht es notwendig, auf den anderen, der nicht immer zur geschlechtlichen Begegnung bereit ist, zu hören und zu warten. Gerade dadurch wird dem personalistischen Charakter des Geschlechtsakts neue Aufmerksamkeit zuteil und bekommt die Beziehung insgesamt eine höhere Qualität. Daran müssen beide mitarbeiten. Der Ehemann muß sich verpflichten, die Zeiten der Frau abzuwarten, auch wenn das vielleicht schwierig ist und Askese erfordert. Dies wirkt sich auf die Qualität der Beziehung, also den wesentlicheren Aspekt, im Grunde nicht nachteilig aus, wie viele Ehepaare bezeugen.

Die eheliche Keuschheit richtet durch die Enthaltsamkeit den Blick der Person auf das Wesentliche der Beziehung und erweitert gleichzeitig den Horizont der Liebe. Der Wert der genitalen Geschlechtlichkeit wird nicht verleugnet, sondern zurückgeführt zu seiner Bedeutung als ausdrucksstarkes Geschenk der personalen, einzigen und fruchtbaren Liebe. Die Kostbarkeit des ehelichen Akts wird in ihrem Wert wahrgenommen, aber er wird nicht zum Götzen erhoben und nicht als einziger Ausdruck der interpersonalen Liebe betrachtet. Vielmehr lädt die eheliche Enthaltsamkeit dazu ein, zärtliche und aufmerksame Gesten kreativ zu entdecken, in denen das freie Geschenk der personalen Begegnung aufs neue sichtbar wird.

Diese Überlegungen haben gezeigt, daß für die natürliche Geburtenregelung eine enge Verbindung besteht zwischen der Grundlage und dem Wahlakt, zwischen der verantwortlichen Fortpflanzung und der periodischen Enthaltsamkeit im ehelichen Geschlechtsleben. Der Wahlakt ist stets Ausdruck einer tieferen Absicht, in der die Person über sich selbst bestimmt. Er kann in seiner Bedeutung nur dann erfaßt werden, wenn man sich „in die Perspektive der handelnden Person" versetzt *(Veritatis splendor,* Nr. 78). Daher sind all jene Analysen des Handelns unzulänglich, die den Augenblick der prokreativen „Entscheidung" (verstanden als rationaler Plan) von dem der „Ausführung" (bezogen auf die Mittel zur Umsetzung dieses Plans) trennen. Diese Analysen betrachten das Handeln als ein von außen her kommendes Tun, das sich im Binom „Ziel/Mittel" ausdrückt. Im Gegensatz zum Tun ist das Handeln die Selbstbestimmtheit eines Subjekts, in dem Absicht und Wahlakt eng miteinander verbunden sind.

Die Verhütung ist niemals nur der falsche Wahlakt, der eine gute und legitime Absicht zur Ausführung bringt, sondern sie ist Ausdruck einer verkürzten Auffassung der Liebe und der Leiblichkeit. Andererseits kann der Wahlakt der periodischen Enthaltsamkeit niemals nur als eine Technik verstanden werden. Sie ist vielmehr Ausdruck der ganzen Seinsweise des moralischen Subjekts, das durch sein Handeln verantwortlich „antwortet" auf die moralischen Werte, die in der ehelichen Beziehung und der Geschlechtlichkeit sowie ihrer Offenheit für die Zeugung neuen Lebens eingeschlossen sind. Was die enge Verbindung zwischen Absicht und Wahlakt und damit die Einheit des handelnden Subjekts und die Angemessenheit der Handlung gewährleistet, ist nicht nur eine äußere Norm, sondern die Tugend.

Daher kann die natürliche Empfängnisregelung nicht nur als Technik betrachtet und auf die Ebene eines Mittels zum Zweck gestellt werden. Sie ist im wahrsten Sinne des Wortes eine „Methode", also – gemäß der griechischen Etymologie – ein Weg zur Umsetzung eines Wertes. Sie erfordert die beabsichtigte und reife Gegenwärtigkeit jenes Wertes bei den Ehepartnern und seine Verinnerlichung durch die Tugenden.

In diesem zweiten Teil unserer Überlegungen haben wir einen Einwand in Betracht gezogen, der häufig gegen die natürliche Empfängnisregelung erhoben wird: daß diese nur schwer umzusetzen sei. Es hat sich gezeigt, daß dieser Einwand eine rein technische Auffassung des menschlichen Handelns im Bereich der Sexualität voraussetzt, während ein wirklich personalistisches Verständnis die Grenzen des künstlichen Eingriffs anerkennt und dem persönlichen Wachstum der Eheleute Raum gibt.

Die natürliche Empfängnisregelung ist nicht nur eine Weise zur Verwirklichung der verantwortlichen Fortpflanzung, bei der die moralische Norm geachtet wird, sondern auch ein Ansporn für den Weg der Ehepartner als Personen und als Paar. Indem sie viel von den Personen fordert, lädt sie sie ein zu wachsen in der Fähigkeit, einander anzunehmen, einander zuzuhören und sich hinzuschenken – mit einem Wort: zu lieben.

Ein Schlusswort:
„Familie, was sagst du über dich selbst?"

Zum Gedenken an Johannes Paul II.

Die Anfrage an die Familie

Es war ein unvergeßlicher Abend: Der Petersplatz, eingetaucht in die milde Wärme des römischen Oktober, war mit Familien gefüllt. Tausendfach leuchteten die Kerzen, die sie in den Händen hielten. Dieser Abend inspirierte Johannes Paul II. zu einer Ansprache, zur Hälfte „improvisiert, vom Herzen diktiert und viele Tage lang im Gebet gesucht". Es war Samstag, der 8. Oktober 1994, und tausende Familien waren zum Abschluß des von den Vereinten Nationen verkündeten Jahres der Familie zum Welttreffen angereist. Angesichts der immer weiter um sich greifenden Verwirrung und von „Versuchen, den Sinn der Familie zu entstellen, indem man sie ihres natürlichen Bezugs zur Ehe beraubt", zögerte der Heilige Vater nicht, die entscheidende Frage zu stellen – keine ethische Frage, sondern letztendlich eine ontologische Frage: *„Familie, was sagst du über dich selbst?"*, oder auch, noch radikaler: *„Familie, warum bist du?"*

Und die Antwort, nach der er geduldig suchte und die er, nachdem sie ihm in der Betrachtung geschenkt worden war, den Teilnehmern jener Begegnung vorlegte, entsprang einem tiefen Hören auf Zeugnisse und Überlegungen. Das war das entscheidend Neue an der vom Papst angewandten Methode: Die Frage, die die Familie betraf, wurde der Familie selbst gestellt. Diese wurde eingeladen, sich selbst zum Ausgangspunkt ihrer Antwort zu machen. So wurde die Familie also nicht nur Gegenstand einer Reflexion, sondern Subjekt einer Frage, in einem lebendigen Dialog, den Karol Wojtyła von den ersten Jahren seines Hirtendienstes an mit vielen jungen Paaren geführt hatte, wobei er staunend das Geheimnis der Liebe entdeckte und lernte, „die menschliche Liebe zu lieben".[1]

Der verehrte Diener Gottes nahm bei der Formulierung der Frage ausdrücklich Bezug auf das Zweite Vatikanische Konzil. Hier fand er die grundlegende Inspiration sowohl was die Annäherung an dieses Thema als auch was den Inhalt betrifft. 40 Jahre zuvor war in der Konzilsaula eine ähnliche Frage vorgelegt worden, in bezug auf die Kirche. Im Parallelismus zwischen Kirche und Familie, den das Konzil deutlich macht, findet man also den Ansatz, der der Frage die richtige Grundlage gibt und durch den man am Ende auf sie antworten kann – mit den Worten des Konzils und unter dem Gesichtspunkt einer sozialen Fruchtbarkeit der Familie: „Ich bin *gaudium et spes*".

Die Quellen

Die Analogie von Kirche und Familie, die in der patristischen Überlieferung verwurzelt ist und vom Konzil wieder aufgegriffen wurde, ist von Wechselseitigkeit geprägt: Die Familie ist eine kleine „Hauskirche", während die Kirche selbst die „Familie Gottes" ist. In der Kirche sind enge und persönliche Beziehungen wesentlich, die die Familie kennzeichnen. Andererseits ist die Familie in den kirchlichen Kontext eingebunden und hat an einer apostolischen Sendung und einer universalen Öffnung teil.

So leben sowohl die Familie als auch die Kirche von denselben Quellen, die dem Geheimnis der göttlichen Liebe entspringen. Die Quelle ist die Allerheiligste Dreifaltigkeit. Die menschliche Liebe ist berufen, ihr „beredtes und lebendiges Abbild" zu werden durch die Gemeinschaft der Personen. Das unergründliche Geheimnis der Gemeinschaft der drei göttlichen Personen, das in Christus offenbart wurde, ist der göttliche Stammbaum sowohl der Kirche als auch der Familie und der Urgrund des Parallelismus, der sie vereint.

Aus Liebe geschaffen als Abbild Gottes, ist der Mensch gleichzeitig berufen, in seinem Leben die Liebe zum Ausdruck zu bringen. Sie ist die grundlegende Berufung, die jeder Mensch von Geburt an besitzt. In der Enzyklika *Redemptor hominis*, der ersten seines Pontifikats, sagte Johannes Paul II.: „Der Mensch kann nicht ohne Liebe leben. Er bleibt für sich selbst ein unbegreifliches Wesen; sein Leben ist ohne Sinn, wenn ihm nicht die Liebe geoffenbart wird, wenn er nicht der Liebe begegnet, wenn er sie nicht erfährt und sich zu eigen macht, wenn er nicht lebendigen Anteil an ihr erhält" (Nr. 10).

In ihrer geeinten Ganzheit aus Seele und Leib und in der geschlechtlichen Differenz, die in die Ganzheit eingeprägt ist, entdecken der Mann und die Frau die Spuren für eine erste grundlegende Verwirklichung der Liebe. Sie richtet sie auf die körperliche Hingabe aus und findet ihre Vollendung in einer ganzheitlichen, treuen, einzigen und fruchtbaren Bindung. Die Ehe zwischen einem Mann und einer Frau, die die Grundlage der Familie ist, ist von Gott selbst gewollt als intime Lebens- und Liebesgemeinschaft. Im Licht des göttlichen Geheimnisses der Dreifaltigkeit erscheint das „hochzeitliche Geheimnis" des Mannes und der Frau im vollen Licht, in der unauflöslichen Verknüpfung seiner dreifachen Dimension: geschlechtliche Differenz, duale Einheit und Fruchtbarkeit.

Wenn die Familie auf die eingangs gestellte Frage mit dem einfachen Satz „ich bin" antwortet und so durch ihre bloße Existenz und ihre Fortdauer in der Zeit alle Ideologien und falschen Prophezeiungen widerlegt, die auch in den letzten Jahrzehnten ihr Verschwinden angekündigt und gewünscht haben, dann verankert sie ihre Existenz in Gott, der gesagt hat „Ich bin der ‚Ich-bin-da'", und in seinem bleibenden Heilsplan für den Menschen.

Die Familie kann also nicht als ein rein geschichtliches Phänomen aufgefaßt werden, als Ergebnis zufälliger und vorübergehender biologischer, sexueller und sozialer Bedürfnisse. Man kann sie auch nicht willkürlichen und schillernden Definitionen überlassen, die auf der Grundlage sogenannter subjektiver Freiheitsrechte eine Zersetzung der Ehe als ihrer Grundlage mit sich bringen. Wie Papst Benedikt XVI. sagte, sind die verschiedenen heute festzustellenden Auflösungstendenzen der Ehe – wie uneheliche Lebensgemeinschaften und die „Ehe auf Probe", bis hin zur Pseudo-Ehe zwischen Personen des gleichen Geschlechts – Ausdruck einer anarchischen Freiheit, die sich zu Unrecht als wahre Befreiung des Menschen ausgibt.² Die wahre Freiheit besteht nicht darin zu tun, was man will, und dabei den Leib als nebensächliche und nach Gutdünken manipulierbare Realität zu behandeln. Sie ist dagegen die Fähigkeit, sich zu einer endgültige Selbsthingabe zu entschließen, die auf der Wahrheit der menschlichen Person gründet.

Das Flußbett

Wie ein Fluß, der einer überreichen Wasserquelle entspringt, so braucht auch die menschliche Liebe, um in der Ehe zur Erfüllung zu gelangen und eine Familie hervorzubringen, die Früchte des Guten in der Gesellschaft trägt, gleichsam ein „Flußbett", in dem sie fließen kann. Das Flußbett eines großen Stromes, das von mächtigen Dämmen geschützt wird, setzt dem natürlichen Wasserverlauf sicherlich Grenzen, gleichzeitig aber lenkt es das Wasser in eine bestimmte Richtung und läßt es am Ziel ankommen. In seiner Betrachtung über das Geheimnis der Familie beschreibt Johannes Paul II. das „Flußbett" der menschlichen Liebe als drei grundlegende Zusammenhänge, die die Wahrheit der Liebe nach dem ursprünglichen Plan des Schöpfers schützen.

An erster Stelle steht der *Zusammenhang zwischen Liebe und Leben*, ein enger und innerer Zusammenhang, den Papst Paul VI. auf nachdrückliche und prophetische Weise in der Enzyklika *Humanae vitae* aufgezeigt hatte. Die auf der Ehe gründende Familie ist das von der Liebe geprägte Umfeld, in dem das menschliche Leben würdig aufgenommen werden und heranreifen kann. Andererseits wird ohne eine großherzige Öffnung zum Leben hin die Liebe eines Mannes und einer Frau unfruchtbar und der Gefahr des hedonistischen Egoismus ausgesetzt, der sich in sich selbst zurückzieht. Die Familie ist „das Heiligtum des Lebens", heißt es wenige Monate später in der Enzyklika *Evangelium vitae* (Nr. 92), die damals in Vorbereitung war und in der oben erwähnten Ansprache angekündigt wurde.

An zweiter Stelle ruft Johannes Paul II. den *Zusammenhang ʒwischen Liebe und Ehe* in Erinnerung. Die Liebe ist nicht nur ein Gefühl oder ein Trieb, sondern ein fester Willensentschluß, der das Wohl der anderen Person will und sich daher zur Selbsthingabe verpflichtet, um im Ehebund aus freiem Willen eine Gemeinschaft von Personen zu verwirklichen. Die immerwährende Treue und die soziale und institutionelle Dimension werden der Freiheit weder von außen her auferlegt, noch sind es Zwänge, denen die Spontaneität der Liebe unterworfen wird. Es sind vielmehr Erfordernisse, die zu Wahrheit und zum Wachstum der Liebe gehören.

An dritter Stelle ist da noch der *Zusammenhang ʒwischen Ehe und Familie*. Nur auf der Grundlage der Ehe kann man eine Familie aufbauen, die fähig ist, die Liebe und das Leben zu schützen, und offen, ihren Beitrag zu leisten zum Aufbau einer menschenwürdigen Gesellschaft, die den Forderungen einer Zivilisation der Liebe entspricht. Wenn man die Familie von der Ehe loslöst, dann wird das Band, das die Familienmitglieder vereint, äußerst brüchig, weil der einzige Bezugspunkt dann die subjektive Suche nach einer individuellen Verwirklichung ist, die der Schwachheit unstabiler Bindungen und den sich wandelnden Umständen ausgesetzt ist.

Die Früchte

Die ganze Ansprache Johannes Pauls II. ist durchzogen von einer starken sozialen Besorgnis. Er bewegt sich nicht nur im Rahmen einer personalen und privaten Ethik, sondern innerhalb des hochpolitischen Horizonts der Stadt der Menschen: Die Gesellschaft nämlich „entsteht in den Familien und erhält aus den Familien Beständigkeit"; sie kann nicht ohne die Institution der Familie auskommen. Die Familie spielt eine einzigartige und entscheidende Rolle bei der Wahrung des *humanum*. Der gegenwärtige kulturelle und soziale Verfall mit all seinen Übeln wie Gewalt, Drogen und organisiertes Verbrechen hat seine Wurzeln im Schwund von Familien, in denen ein Zusammenhalt herrscht, die sittlich gesund und gesellschaftlich engagiert sind.

Im Gegensatz dazu trägt die Familie, die die Wahrheit der Liebe gemäß dem Plan Gottes lebt, auf sozialer Ebene reiche Frucht, weil sie zur Tugend heranbildet und zu den sozialen Werten der Solidarität, der Annahmebereitschaft, der Loyalität sowie der Achtung des Nächsten und seiner Würde. Die Familie entspricht den Anforderungen, die der menschlichen Natur zu eigen sind, und ist gleichzeitig Widerschein der Güte Gottes, die zu Vaterschaft und Mutterschaft wird.

In der vom Papst aufgezeigten Sichtweise öffnet sich für die Familie somit die Perspektive, zum Kulturträger zu werden: „Seid Baumeister der Kultur des Lebens und der Zivilisation der Liebe". Johannes Paul II. sagte in einer Ansprache an die Unesco, daß die Kultur „das ist, wodurch der Mensch mehr Mensch wird, mehr ‚ist', dem ‚Sein' näherkommt".[3] Der Mensch lebt von der Kultur und durch die Kultur – die natürlich nicht im akademischen Sinne verstanden werden soll, sondern in ihrer humanistischen Dimension, die der Erziehung der Person den Vorrang gibt. Nach der Definition des hl. Thomas ist die Familie gleichsam eine „geistliche Gebärmutter", die es der Person erlaubt, zu ihrer Reife zu gelangen und in die Gesellschaft einzutreten.[4] Sie ist der Ort, an dem man die Sprache der Liebe erlernt, die in der Lage ist, die Gemeinschaft der Personen aufzubauen. Sie ist auch der Ort, der Erziehung und Unterweisung zum Gottesdienst gibt, denn ohne den Tempel gibt es keine Wohnstätten.

Lichter

„Dies ist die Stunde der Familie", in der Kirche und in der Gesellschaft! Noch einmal bekräftigte Papst Johannes Paul II. leidenschaftlich seine tiefe Überzeugung und seine pastorale Einstellung. Durch die Familie geht die Zukunft der Menschheit, hatte er im Apostolischen Schreiben *Familiaris consortio* gesagt. Und daher ist „die Familienpastoral eine Priorität und das Herzstück der Neuevangelisierung".

In diesem Zusammenhang ruft Johannes Paul II. eine der Initiativen in Erinnerung, die für ihn sein Pontifikat am stärksten bezeichnen: die Einrichtung des akademischen Instituts für Studien über Ehe und Familie, am 13. Mai 1981. „Ein äußerst bedeutsames Datum", fügt er hinzu und spielt damit auf das Fest Unserer Lieben Frau von Fatima an sowie auf das von ihm an jenem Tag auf dem Petersplatz erlittene Attentat. Die Sendung des Institutes ist es, eine gründliche intellektuelle und theologische Ausbildung anzubieten, die allein die Grundlagen für eine angemessene Seelsorge im Dienst der menschlichen Liebe, der Ehe und der Familie gewährleisten kann.

Der römische Abend auf dem Petersplatz war vom Glanz der Lichter erfüllt, was den Papst dazu inspirierte zu sagen, daß „jede Familie ein Licht trägt und jede Familie ein Licht ist", ein Licht, das den Weg der Kirche und der zukünftigen Welt erhellen muß. In seiner Ansprache folgt der ethische Imperativ hier auf den Indikativ einer Gabe, die schon immer, aus Gnade, in jeder Familie vorhanden war. Wieder ist das Subjekt der Aussage nicht unbestimmt, sondern äußerst konkret: „jede" Familie, die in „jedem" Teil der Welt lebt. Das prophetische Wort ist dadurch gekennzeichnet, daß es das kleine Samenkorn einer neuen Hoffnung für die Zukunft zu entdecken weiß, das in der schwierigen Gegenwart verborgen liegt. Johannes Paul II. wußte es mit Worten der Freude und der Liebe, die „vom Herzen diktiert" und „viele Tage lang im Gebet" herangereift waren, in der Familie aufzuzeigen – in jeder Familie, die aus der Liebe heraus entstanden ist und aus der Gnade des Sakraments heraus lebt.

Anmerkungen

KAPITEL I.

1 A. OLIVEIRO, „Le nostre emozioni alla ricerca di un alfabeto", in *Avvenire*, 1. März 2001; ders., „Ragione e passione nelle emozioni", in *Psicologia* 130 (Juli/August) 1995, S. 52.

2 Z. BAUMAN, *Flüchtige Moderne*, Frankfurt a. M. 2003, S. 40.

3 Z. BAUMAN, *Liquid Love*, Blackwell Publishers, Malden, MA 2003, S. 12.

4 F. BEIGBEDER, *Neununddreißigneunzig*, Hamburg 2001, S. 15.

5 U. FOLENA, *I Pacs della discordia*. *Spunti per un dibattito*, Ancora, Mailand 2006, S. 53.

6 Vgl. J. RATZINGER, *Europa in der Krise der Kulturen*, in *Ohne Wurzeln*. *Der Relativismus und die Krise der europäischen Kultur*, Augsburg 2005.

7 Vgl. J. BUTLER, *Das Unbehagen der Geschlechter (Gender Studies. Vom Unterschied der Geschlechter)*, Frankfurt a. M. ⁵1995.

8 JOSPH RAZ, *The Morality of Freedom*, Clarendon Press, Oxford 1986, S. 162.

9 JOHANNES PAUL II., *Ansprache an die Dozenten und Studenten des Päpstlichen Instituts Johannes Paul II. für Studien über Ehe und Familie*, 31. Mai 2001.

10 JOHANNES PAUL II., *Ansprache an den Exekutivrat der UNESCO*, Paris (2. Juni 1980), 7: AAS 72 (1980), S. 738.

11 BENEDIKT XVI., *Ansprache anläßlich des 25jährigen Bestehens des Päpstlichen Institutes „Johannes Paul II." für Studien über Ehe und Familie*, 11. Mai 2006.

12 *Deus caritas est*, Nr. 2.

13 Vgl. L. GIUSSANI, *Der religiöse Sinn*, Paderborn 2003.

14 D. VON HILDEBRAND, *Reinheit und Jungfräulichkeit*, St. Ottilien 1981, S. 98–99.

15 Siehe dazu: W. PANNENBERG, *Grundlagen der Ethik. Philosophisch-theologische Perspektiven*, Göttingen 1996, S. 80–88.

16 *Deus caritas est*, Nr. 1.

17 Vgl. Päpstlicher Rat für Gerechtigkeit und Frieden, *Kompendium der Sozuallehre der Kirche*, Freiburg i. Br. 2006, Nr. 164–170.

18 Zweites Vatikanisches Konzil, Pastorale Konstitution *Gaudium et spes*, Nr. 26.

19 Die moderne Strafrechtslehre erkennt ausdrücklich und thematisch den Wert des Gesetzes als Modell für die Herausbildung der sittlichen Orientierung der Bürger an.

20 Johannes Paul II., Apostolisches Schreiben *Familiaris consortio*, Nr. 86.

21 Siehe Anm. 11.

Kapitel II.

1 Johannes Paul II., *Die menschliche Liebe im göttlichen Heilsplan. Katechesen 1979–1981*, Vallendar-Schönstatt 1985, S. 91–92.

2 Johannes Paul II., Apostolisches Schreiben *Mulieris dignitatem*, Nr. 1. Zum Thema der dualen Einheit in diesem Apostolischen Schreiben siehe: A. Scola, *Das hochzeitliche Geheimnis*, Freiburg 2006, S. 3–43.

3 Thomas von Aquin, *Summa Theologiae*, I, q. 75, a. 4.

4 Johannes Paul II., *Die menschliche Liebe im göttlichen Heilsplan*, a. a. O, S. 352.

5 Ebd., S. 148–152.

6 Vgl. P. Ricoeur, *Der Konflikt der Interpretationen*, 2 Bde., München 1973/1974.

7 Johannes Paul II., Apostolisches Schreiben *Mulieris dignitatem*, Nr. 7.

8 Zweites Vatikanisches Konzil, Pastorale Konstitution *Gaudium et spes*, Nr. 24.

9 Johannes Paul II., *Die menschliche Liebe im göttlichen Heilsplan*, a. a. O., S. 150.

10 A. Scola, *Hans Urs von Balthasar – ein theologischer Stil. Eine Einführung in sein Werk*, Paderborn 1996, S. 94.

11 M. Blondel, *L'action* (1893), Presses Universitaires de France, Paris 1950, S. 258.

182

12 *Gaudium et spes*, Nr. 48.

13 H. U. VON BALTHASAR, *Das betrachtende Gebet*, Einsiedeln ⁴1976, S. 69.

14 Siehe hierzu die Instruktion der KONGREGATION FÜR DIE GLAU-BENSLEHRE, *Donum vitae* (22. Februar 1987).

15 Vgl. A. SCOLA, *Das hochzeitliche Geheimnis*, a. a. O., S. 28–43.

16 Vgl. *Alte Homilie zum Karsamstag:* PG 43, S. 462–463.

17 JOHANNES PAUL II., *Die Erlösung des Leibes und die Sakramentalität der Ehe. Katechesen 1981–1984,* Vallendar-Schönstatt 1985, S. 55–60.

18 Vgl. JOHANNES PAUL II., *Die menschliche Liebe im göttlichen Heilsplan,* a. a. O., S. 304–310.

KAPITEL III.

1 Zu diesem Thema: L. MELINA, *Sharing in Christ's Virtues. For a Renewal of Moral Theology in Light of* Veritatis Splendor, The Catholic University of America Press, Washington DC 2001.

2 Ein ideologischer Bezugspunkt ist das Werk von W. REICH, *Die sexuelle Revolution. Zur charakterlichen Selbststeuerung des Menschen,* Frankfurt a. M. 1979 (Originaltitel: *Die Sexualität im Kulturkampf,* 1936).

3 Siehe hierzu: J. F. CROSBY, *The Selfhood of the Human Person,* The Catholic University of America Press, Washington DC 1996, S. 41–81; R. SPAEMANN, *Personen. Versuche über den Unterschied zwischen „etwas" und „jemand",* Stuttgart 1996.

4 K. WOITYŁA, *Liebe und Verantwortung. Eine ethische Studie,* München 1979, S. 36–40.

5 Vgl. J. BUTLER, *Das Unbehagen der Geschlechter* (wie Anm. I/7).

6 Vgl. A. CHAPELLE, *Sexualité et sainteté,* IET, Brüssel 1977, S. 147.

7 Vgl. C. S. LEWIS, *Was man Liebe nennt. Zuneigung – Freundschaft – Eros – Agape,* Basel 1979, S. 9–17. Zur Einheit der Liebe in all ihren Ausdrucksformen: J.-L. MARION, *Le phénomène érotique,* Grasset, Paris 2003, S. 331–342, wo jedoch die analogische Ebene vernachlässigt wird.

8 Vielleicht ist es nicht angezeigt, hier auf den Ausdruck zurückzugreifen, den Evdokimov und von Balthasar gebrauchen, die von

„Übergeschlechtlichkeit" sprechen. Dieser Ausdruck soll, zumindest bei von Balthasar, die absolut agamische Natur der göttlichen Liebe andeuten, für die es, im Gegensatz zur erotischen Liebe, nicht notwendig ist, daß der Liebende im Geliebten vor-existiert: vgl. H. U. VON BALTHASAR, *Theodramatik*, Bd. II, Teil 1: *Der Mensch in Gott*, Einsiedeln 1978, S. 398 ff.; Bd. IV: *Das Endspiel*, S. 74 ff.; P. EDVOKIMOV, *Die Frau und das Heil der Welt*, Moers 1989, S. 39 ff.

9 J. RATZINGER, *La comunione nella Chiesa*, San Paolo, Cinisello Balsamo (MI), 2004, S. 6.

10 PAUL VI., Enzyklika *Humanae vitae*, Nr. 7.

11 H. U. VON BALTHASAR, *Epilog*, Trier 1987, S. 45.

12 In diesem Sinne ist für Thomas und für die Scholastiker der *amor naturalis* allen Geschöpfen zu eigen, auch den unbeseelten.

13 KONGREGATION FÜR DIE GLAUBENSLEHRE, Instruktion *Donum vitae*, II B 4 b.

14 Ebd.

15 JOHANNES PAUL II., Apostolisches Schreiben *Mulieris dignitatem*, Nr. 7.

16 P. EVDOKIMOV, *Sacrement de l'amour*, Éditions de l'Épi, Paris 1962, S. 145–146.

KAPITEL IV.

1 J. PIEPER, *Über die Liebe*, München 1972, S. 39.

2 Ebd., S. 90.

3 Vgl. A. HENDING, *Eros i storm*, Frost-Hansen, Kopenhagen 1949.

4 THOMAS VON AQUIN, *De virtutibus in communi*, q. un., a. 1, sol. XIII.

KAPITEL V.

1 ITALIENISCHE BISCHOFSKONFERENZ, *La pastorale dei divorziati risposati*, Nr. 12.

Kapitel VI.

1 Dieses Konzept wurde entwickelt und weitergeführt von J. No-
riega, „Homosexualidad: la ficción de una intimidad", in *Anthropo-
tes* XX/2 (2004), S. 327–339; der ganze Band ist der Frage der Homosexualität gewidmet.

2 A. Chapelle, *Sexualité et sainteté* (wie Anm. III/6), S. 150.

3 Konzil von Trient, *Decretum de peccato originali*, Nr. 5: DS
1515.

4 Ein beeindruckendes Zeugnis der Bekehrung eines Aktivisten
der homosexuellen Szene und des gelungenen asketischen Kampfes
gegen die homosexuelle Veranlagung findet sich in: D. Morrison,
Beyond Gay, Our Sunday Visitor, Huntington Ind. 1999.

5 Vgl. Kongregation für die Glaubenslehre, *Schreiben an die
Bischöfe der katholischen Kirche über die Zusammenarbeit von Mann und
Frau in der Kirche und in der Welt*, 31. Mai 2004.

Kapitel VII.

1 Vgl. Kongregation für die Glaubenslehre, Erklärung *Persona Humana*, 29. Dezember 1975, Nr. 8.

2 Vgl. Katechismus der katholischen Kirche, Nr. 2358.

3 Vgl. Kongregation für die Glaubenslehre, Schreiben *Homosexualitatis problema*, 1. Oktober 1986, Nr. 3.

4 Die Wege zu einer guten Therapie und Seelsorge werden z.B.
aufgezeigt von: G. Van den Aardweg, *Homosexuality and Hope.
A psychologist talks about treatment and change*, Ares, Mailand 1995;
J. F. Harvey, *The Homosexual Person. New Thinking in Pastoral Care*,
Ignatius Press, San Francisco 1987; J. Nicolosi, *Reparative Therapy
of Male Homosexuality. A new clinical approach*, J. Aronson, North-
vale, NJ 1991.

5 Vgl. Thomas von Aquin, *Summa Theologiae*, I-II, quaestio
XXIV: „*de bono et malo in animae passionibus*", und besonders a. 3,
ad 1.

6 Es ist das, was im Rahmen einer Analyse der Struktur des frei-
willigen menschlichen Handelns als ihre „Archäologie" bezeichnet
werden kann. Siehe hierzu: P. Ricoeur, *La sémantique de l'action. Ière
partie: Le discours de l'action*, Éd. CNRS, Paris 1977.

7 *Summa Theologiae,* I-II, q. 31, a. 7.

8 Augustinus, *De civitate Dei,* XIX, 13, 1.

9 *Summa Theologiae,* I, q. 5, a. 5.

10 Konzil von Trient, *Decretum de peccato originali,* Sessio V, 17. Juni 1547: DS 1515.

11 H. U. von Balthasar, *Theodramatik,* Bd. 1, Teil 1: *Der Mensch in Gott* (wie Anm. III/8).

12 A. Scola, *Hans Urs von Balthasar – ein theologischer Stil,* a. a. O. 1996, S. 94.

13 Johannes Paul II., *Die menschliche Liebe im göttlichen Heilsplan,* a.a.O., S. 100–101.

14 Ebd., S. 122–123.

15 Vgl. Johannes Paul II., Enzyklika *Dominum et vivificantem,* Nr. 67.

16 Johannes Paul II., Apostolisches Schreiben *Mulieris dignitatem,* Nr. 7.

17 G. Fessard, *De l'actualité historique,* Bd. 1: À *la recherche d'une méthode,* Desclée de Brouwer, Paris 1960, S. 186–197.

18 Zur geistlichen und aktiven Dimension der Rezeptivität als Grundhaltung des Geschöpfes gegenüber dem Schöpfer siehe: D. Schindler, *Heart of the World, Center of the Church. Communio Ecclesiology, Liberalism and Liberation,* Eerdmans, Grand Rapids, MI 1996, S. 237–274.

19 A. Chapelle, *Sexualité et sainteté,* a. a. O., S. 150.

20 Kongregation für die Glaubenslehre, Dokument *Recentemente:* „Alcune considerazioni concernenti la risposta a proposte di legge sulla non discriminazione delle persone omosessuali", in *L'Osservatore Romano,* 24. Juli 1992, S. 4, Nr. 10.

Kapitel VIII.

1 Vgl. Pius XII., Enzyklika *Humani generis:* AAS 42 (1950), 575; Paul VI., *Professio fidei:* AAS 60 (1968), S. 436.

2 Vgl. J. Ratzinger, „Der Mensch zwischen Reproduktion und Schöpfung. Theologische Fragen zum Ursprung des menschlichen

Lebens", in *Internationale katholische Zeitschrift Communio* 18/1 (1989), S. 61–71.

3 Artikel „pro-", in G. Devoto – G. C. Oli, *Il diʒionario della lingua italiana*, Le Monnier, Florenz 1990, S. 1479.

4 Johannes Paul II., *Die menschliche Liebe im göttlichen Heilsplan*, a.a.O., S. 158–165 (Zitat 164); Enzyklika *Evangelium vitae*, Nr. 43.

5 Johannes Paul II., Brief an die Familien *Gratissimum sane*, 2. Februar 1994, Nr. 9.

6 Zweites Vatikanisches Konzil, Pastoralkonstitution *Gaudium et spes*, Nr. 14.

7 Johannes Paul II., Brief an die Familien *Gratissimum sane*, a. a. O., Nr. 9.

8 Ebd.

9 Vgl. Zweites Vatikanisches Konzil, Pastoralkonstitution *Gaudium et spes*, Nr. 36: „Denn das Geschöpf sinkt ohne den Schöpfer ins Nichts".

10 So H. Schlier, *Der Brief an die Epheser*, Düsseldorf 1957, S. 167–168.

11 Siehe: G. Marcel, *Homo viator. Philosophie der Hoffnung*, Düsseldorf 1949: „Die schöpferische Verpflichtung als Wesen der Vaterschaft", S. 132–172.

12 Ebd., S. 164–165.

13 Vgl. R. Spaemann, *Glück und Wohlwollen. Versuch über Ethik*, Stuttgart 1989, S. 216.

14 Johannes Paul II., *Die menschliche Liebe im göttlichen Heilsplan*, a. a. O., S. 125–126.

15 Vgl. *Veritatis splendor*, Nr. 78–79. Vgl. G. E. M. Anscombe, *Absicht*, Freiburg-München 1986. Im Zusammenhang mit dem ehelichen Akt siehe dazu die Analyse von M. Rhonheimer, *Sexualität und Verantwortung. Empfängnisverhütung als ethisches Problem*, IMABE-Studie, Wien 1995, S. 54–64.

16 Vgl. M. Rhonheimer, *Sexualität und Verantwortung*, a. a. O., S. 60.

17 Vgl. ebd., S. 63.

18 Vgl. *Gaudium et spes*, Nr. 49.

19 Thomas von Aquin, *Summa Theologiae*, I-II, q. 107, a.2: „Finis vero cuiuslibet legis est ut homines efficiantur iusti et virtuosi".

20 Ch. Péguy, *Das Tor zum Geheimnis der Hoffnung*, Einsiedeln 1980, 16, 30.

Kapitel IX.

1 Vgl. *Summa Theologiae*, I, q. 29, a. 3: „Persona significati id quod est perfectissimum in tota natura, scilicet subsistens in rationali natura".

2 „Impositum est hoc nomen *persona* ad significandum aliquos dignitatem habentes (…). Propter quod quidam definiunt personam, dicentes quod persona est *hypostasis proprietate distincta ad dignitatem pertinente": Ibidem, ad IIum.

3 Dies kommt an vielen Stellen zum Ausdruck, besonders stark und lebendig jedoch in der ersten Enzyklika seines Pontifikats *Redemptor hominis*, Nr. 13, § 3.

4 Romano Guardini, *Welt und Person. Versuche zur christlichen Lehre vom Menschen*, Würzburg 1955, S. 128.

5 K. Woytyła, „Subjectivity and the Irreducible in Man", in *Annalecta Husserliana* 7 (1978), S. 107–114, hier S. 109.

6 Siehe hierzu: M. Nédoncelle, *La réciprocité des consciences. Essai sur la nature de la personne*, Aubier-Montaigne, Paris 1942, S. 16.

7 M. Scheler, *Liebe und Erkenntnis*, München 1955.

8 Vgl. Thomas von Aquin, *In III Sent.*, d. 5, q. 6, a. 2: „non tantum ab anima habet homo quod sit persona, sed ab ei et corpore, cum ex utrisque subsistat".

9 Siehe dazu die Mittwochskatechesen von Johannes Paul II., *Die menschliche Liebe im göttlichen Heilsplan*, a. a. O., S. 292–297.

10 Hierzu: A. Scola, *Das hochzeitliche Geheimnis*.

11 Johannes Paul II., *Die Erlösung des Leibes und die Sakramentalität der Ehe*, a. a. O., S. 342.

12 Vgl. *Gaudium et spes*, Nr. 49.

SCHLUSSWORT

1 Der Ausdruck kommt vor in: JOHANNES PAUL II., *Die Schwelle der Hoffnung überschreiten* (Hg. Vittorio Messori), Hamburg 1994, S. 151; der Kontext der Seelsorge und des Pastoralgesprächs, in dem der Papst ihn gebraucht, reinigt den Ausdruck von jeder Spur narzißtischer Perversion und von einer Auslöschung des Geliebten durch die Genugtuung zu lieben. Diese werden zu Recht beklagt R. BARTHES, *Fragmente einer Sprache der Liebe*, Frankfurt a. M. 1984, S. 37–40.

2 BENEDIKT XVI., *Ansprache bei der Eröffnung der Pastoraltagung der Diözese Rom zum Thema „Familie und christliche Gemeinschaft: Bildung der Person und Weitergabe des Glaubens"*, 6. Juni 2005.

3 JOHANNES PAUL II., *Ansprache an den Exekutivrat der UNESCO*, Paris (2. Juni 1980), 7: AAS 72 (1980), S. 738.

4 THOMAS VON AQUIN, *Summa Theologiae*, II-II, q. 10, a. 12.

189

Leben und Liebe
Benedikt XVI. über Ehe und Familie

In zentralen Texten von Papst Benedikt XVI. und Bildern mit Kindern, Ehepaaren und Familien wird in diesem Band die Faszination ehelicher Liebe und familiären Lebens aus christlicher Sicht erschlossen.

Dieses Geschenkbuch mit spirituellem Tiefgang zeigt in poetischer Weise die Schönheit von Familie und Ehe und kann mit einer persönlichen Familienchronik zum lebenslangen Begleiter christlicher Familien werden.

ISBN 978-3-86744-051-6
gebunden, 160 Seiten, durchgehend farbige Abb.

Scott Hahn

Gottes Familie
Leben in der Liebe

Scott Hahn beginnt seine Betrachtung über die „Familie Gottes" mit seiner eigenen Liebes- und Lebensgeschichte, als er im College ein Mädchen namens Kimberly trifft, die seine Frau werden sollte. Der bekannte Bibelwissenschaftler und Bestsellerautor, der erst spät zur katholischen Kirche konvertierte, schreibt lebensnah und unterhaltsam über das „Leben in der Liebe", das den eigentlichen Kern des Christseins ausmacht.

ISBN 978-3-936484-89-2
gebunden, 192 Seiten

SANKT ULRICH VERLAG